Christian Lindmeier
Biografiearbeit mit geistig behinderten Menschen

Edition Sozial

Christian Lindmeier

Biografiearbeit mit geistig behinderten Menschen

Ein Praxisbuch für
Einzel- und Gruppenarbeit

Unter Mitarbeit von
Daniel Gruber, Bettina Lindmeier,
Petra Schürmann und Angelika Trilling

4. Auflage

Der Autor

Christian Lindmeier, Dr., Dipl.-Päd., ist Professor für Sonderpädagogik an der Universität Koblenz-Landau, Campus Landau. Langjährige Erfahrung als Kursleiter in der Erwachsenenbildung mit Menschen mit Behinderung; Mitherausgeber der Zeitschrift Erwachsenenbildung und Behinderung (EuB) der Gesellschaft Erwachsenenbildung und Behinderung Deutschland e.V.; zahlreiche Publikationen zum Thema Erwachsenenbildung mit behinderten Menschen.

Eine Veröffentlichung in Kooperation mit der Bundesvereinigung Lebenshilfe für Menschen mit geistiger Behinderung e.V.

Bibliografische Information der Deutschen Nationalbibliothek

Die Deutsche Nationalbibliothek verzeichnet diese Publikation in der Deutschen Nationalbibliografie; detaillierte bibliografische Daten sind im Internet über http://dnb.d-nb.de abrufbar.

1. Auflage 2004
2. Auflage 2006
3. Auflage 2008
4. Auflage 2013

www.beltz.de · www.juventa.de
Druck und Bindung: Beltz Bad Langensalza GmbH, Bad Langensalza
Printed in Germany

ISBN 978-3-7799-2096-0

Vorwort

Dieses Praxisbuch ist zustande gekommen unter Mithilfe vieler Personen, die die Biografiearbeit mit geistig behinderten Menschen in zahlreichen Kursen und Einzelarbeitssettings erprobt haben. Ich möchte an dieser Stelle vor allem folgenden Personen danken: Katharina Böhm und Verena Voß, die in einer Seniorentagesstätte einer Würzburger Einrichtung erste „Gehversuche" mit dieser Arbeitsmethode machten. Tanja Abresch, Jens Bechtold, Daniel Gruber, Tanja Kneibert, Kathrin Müller und Petra Schürmann, ohne deren Unterstützung die Planung und Durchführung biografischer Einzelarbeit und Gruppenarbeit in Werkstätten und Wohneinrichtungen der Region Südpfalz nicht realisierbar gewesen wäre. Außerdem danke ich den beteiligten Einrichtungen der Behindertenhilfe, die die modellhafte Erprobung der Biografiearbeit mit geistig behinderten Menschen mit regem Interesse und großer Aufgeschlossenheit begleitet haben.

Im Buch sprechen wir meistens von „behinderten Menschen" und nur selten von „Menschen mit Behinderung", weil das Adjektiv „behindert" zum Ausdruck bringt, dass Behinderung nicht nur als Persönlichkeitsmerkmal („Behindert-Sein"), sondern auch als Vorgang zu verstehen ist, den das soziale Umfeld bewirkt („Behindert-Werden").

Als Autorenteam, das aus Frauen und Männern besteht, haben wir uns dazu entschlossen, in diesem Buch sowohl die männliche als auch die weibliche Form zu benutzen. Im Text haben wir diesen Entschluss nach dem Zufallsprinzip umgesetzt. Das nicht genannte Geschlecht ist deshalb selbstverständlich jeweils mit gemeint.

Landau, im Februar 2004
Christian Lindmeier

Inhalt

Einleitung

In der Theorie und Praxis der pädagogischen Arbeit mit Menschen, die wir als geistig behindert bezeichnen, vollzieht sich derzeit ein Wandel im Denken und Handeln, den wir als „Hinwendung zum Subjekt" bezeichnen möchten. „Hinwendung zum Subjekt" bedeutet, dass der Stimme derjenigen, die unsere pädagogischen Hilfen in Anspruch nehmen, mehr Gewicht bei der Planung, Durchführung und Bewertung der Maßnahmen zur Unterstützung und Begleitung ihres Erziehungs- und Bildungsprozesses eingeräumt werden muss. Dies gilt in besonderem Maße für Angebote der Erwachsenen- und Altenbildung, um die es in diesem Buch hauptsächlich geht.

Um der Stimme, und somit der Selbst- und Mitbestimmung von Menschen mit geistiger Behinderung, eine größere Bedeutung für die pädagogische Arbeit verleihen zu können, muss sich die Geistigbehindertenpädagogik in viel höherem Maße als bisher den *subjektiven Lebenserfahrungen* dieser Menschen zuwenden; denn nur durch die Beschäftigung mit der Lebenswelt und der Lebensgeschichte (Biografie) eines Menschen kann eine entschiedene Orientierung an seinen subjektiven Interessen und Wünschen erfolgen. Damit geht einher, dass wir uns bei der Formulierung von Erziehungs- und Bildungszielen nicht mehr ausschließlich von unseren vorgefassten, vermeintlich objektiven (Lehr-)Meinungen über das „Wesen" der geistigen Behinderung leiten lassen, sondern auch von den subjektiven Sichtweisen der von uns mit dem Etikett der „geistigen Behinderung" versehenen Menschen. Etwas plakativ könnte man daher formulieren, dass die Geistigbehindertenpädagogik endlich damit anfangen muss, Menschen mit geistiger Behinderung danach zu fragen, wie sie sich selbst und die Welt sehen, was sie in ihrem Leben erreichen wollen und welchen Sinn sie ihm zuschreiben. Wissenschaftlich ausgedrückt geht es also um das „Selbstkonzept" und die „subjektiven (Alltags-)Theorien" von Menschen, deren subjektive Lebenserfahrungen auch in der Geistigbehindertenpädagogik bis vor kurzem für pädagogisch irrelevant gehalten wurden.

Pädagogische Biografieforschung und biografisch orientierte Bildungsarbeit

Geht es um die pädagogische Wahrnehmung und Würdigung subjektiver Lebenserfahrungen, dann spielen die *lebensgeschichtlichen* oder *biografischen Erfahrungen* eines Menschen eine herausragende Rolle. Aus Interesse an diesen Erfahrungen hat sich seit Ende der 70er-Jahre des 20. Jahrhunderts in der Erziehungswissenschaft die Forschungsrichtung der *pädagogischen Biografieforschung* herausgebildet. Ihr Interesse an Biografien, biografischen Materialien und biografisch bestimmten Lernprozessen ist der Versuch, „der individuellen Seite der Erziehung ein größeres Gewicht und zugleich einen konkreten Inhalt zu verschaffen“ (Schulze 1993b, 176).

Von der pädagogischen Biografieforschung verspricht man sich vor allem aufschlussreiche Erkenntnisse über die Persönlichkeitsbildung und Identitätsentwicklung: „Wo anders als in Autobiografien, Tagebüchern und Briefen, in lebensgeschichtlichen Erzählungen, Erfahrungsberichten und die eigenen Erfahrungen thematisierenden Gesprächen äußern sich Menschen ausführlicher über ihre persönliche Entwicklung? Wie anders als durch das Studium biografischer Dokumente und Prozesse kann man Auskunft darüber erhalten, was ‚Emanzipation‘, ‚Selbstbestimmung‘ und ‚Selbstverwirklichung‘ tatsächlich für jeden einzelnen Menschen bedeutet, was er für sich zu realisieren wünscht, welche gesellschaftlichen Gegebenheiten ihn darin behindern oder unterstützen, wie er diese Gegebenheiten erfährt und wie er seine Erfahrungen bearbeitet“ (a.a.O., 176f.).

Auf der Grundlage pädagogischer Biografieforschung wurden in den letzten beiden Jahrzehnten Grundlinien einer biografischen Erziehungs- und Bildungstheorie erarbeitet (vgl. z.B. Loch 1979, 1999; Schulze 1993a, 1993b; Weber 1996), denn in pädagogischer Betrachtung erweist sich die Biografie als

Bildungsprozess: „In ihm gelangt das Individuum durch subjektive Verarbeitung und Mitgestaltung der objektiven Gegebenheiten und durch Bewältigung der sich lebensgeschichtlich stellenden Aufgaben zum Welt- und Selbstverständnis, aber auch zu einem diesem Verständnis entsprechenden, verantwortlichen Handeln sowie zur nicht egozentrisch gemeinten Selbstverwirklichung und zur persönlichen, biografischen Identität. In ihr manifestiert sich der Sinn, den der einzelne auch unter dem Einfluss der Erziehung in seiner Lebensgeschichte findet bzw. seinem Leben gibt…" (Weber 1996, 199). Zwei Perspektiven sind biografisch-pädagogisch besonders wichtig: Einerseits wird erst im Horizont des Lebenslaufs verständlich, was Erziehung und Bildung für den Menschen bedeuten, und andererseits ist die Bedeutung, die der Lebenslauf für einen Menschen erhält, auch von seiner Erziehung und Bildung abhängig. Lebenslauf und Erziehung geben sich also gegenseitig Sinn (vgl. Loch 1979).

Von der pädagogischen Biografieforschung ist die *biografisch orientierte Bildungsarbeit* (biografische Kommunikation, Biografiearbeit, biografische Selbstreflexion) zu unterscheiden. Letztere hat sich in den vergangenen Jahren in fast allen Gebieten der Erwachsenen- und Altenbildung etabliert. Die verstärkte Berücksichtigung biografischer Bezüge trägt in der Andragogik und Geragogik dazu bei, „die Brücke zu einer ernsthaften Lebenswelt- und Subjektorientierung zu schlagen und paternalistische Konzepte zu verabschieden" (Behrens-Cobet/Reichling 1997, 26).

Einer an den Lebensgeschichten der Subjekte interessierten Bildungsarbeit geht es um mehr als um die Andeutung subjektiver Bezüge von Themen. Es geht ihr „auch um etwas anderes als die bloße Illustration von Komplexität und Repräsentation von Vieldeutigkeit: es geht um die Selbstthematisierung der Subjekte – oder, um es aus einem anderen Blickwinkel zu formulieren: um die Aufmerksamkeit für den Teil von Lehr-Lern-Prozessen, der die eigensinnige ‚Aneignung' von Inhalten betrifft" (a.a.O., 20). Damit ist zugleich umschrieben, was unter Biografie zu verstehen ist. Behrens-Cobet und Reichling folgen hier dem theoretischen Ansatz Theodor Schulzes (vgl. 1993b), den wir auch in diesem Buch zugrundelegen wollen, und der zwischen Lebenslauf und Lebensgeschichte als zwei unterschiedlichen Sichtweisen und Gestaltungsprinzipien biografischer Prozesse unterscheidet: „Während der Begriff ‚Lebenslauf' die äußeren Daten eines gelebten Lebens umfasst, haben wir es bei einer Biografie mit seiner Innenseite zu tun, mit dem, was der oder die Erzählende – sei es schriftlich, oder mündlich – subjektiv zu seiner oder ihrer Lebensgeschichte macht." Schulze führt hierzu aus: „In Lebensgeschichten ist nicht nur von Erfolgen oder aktenkundigen Misserfolgen, sondern auch von missglückten Versuchen, Demütigungen, Enttäuschungen, Krisen, Zweifeln und Verzweiflungen die Rede und von mühsamen Versuchen, sie dennoch zum Guten zu wenden, sie in Gewinn zu verwandeln und sei es nur der Gewinn der Einsicht. In Lebensläufen scheinen Laufbahnen und Rollen normiert und zugleich isoliert, als voneinander unabhängig. In Lebensgeschichten dagegen kreuzen, verbinden oder reiben sie sich aneinander. In Lebensgeschichten wird deutlich, dass Laufbahnen nicht gradlinig verlaufen, sondern in Wendungen und Biegungen, mit Brüchen, Unterbrechungen, vergeblichen Anläufen und Rückschlägen und gegen innere Widerstände und dass die endlich eingeschlagene Laufbahn nicht immer die erste Wahl ist." (1993b, 190)

Pädagogische Biografieforschung und biografisch orientierte Bildungsarbeit pflegen auch einen unterschiedlichen Umgang mit den Subjekten und ihren „narrativen Hervorbringungen". Während sich die Biografieforschung in der Regel auf einzelne Biografien konzentriert, unterliegt der „Erzählstrom" einzelner in Veranstaltungen der Erwachsenen- oder Altenbildung der entscheidenden Bedingung, „dass auch andere TeilnehmerInnen Geschichten und Erinnerungsspuren zu geplanten (oder ungeplanten) Themen beitragen möchten und sollen. Auf Grund der Logik und Dynamik des Gruppenprozesses können Lebensgeschichten nicht in ihrer Gesamtheit in die biografische Kommunikation einbezogen werden; alle Beteiligten begnügen sich – aktiv oder passiv – mit Abschnitten und assoziativen Rückgriffen" (Behrens-Cobet/Reichling 1997, 23; vgl. hierzu auch Gudjons/Pieper/Wagener 1999).

Biografisches Arbeiten in der Andragogik und Geragogik unterscheidet sich darüber hinaus grundlegend von der Anlage und Interpretation des in der Biografieforschung vornehmlich eingesetzten narrativen Interviews: „Im Gegensatz zur konzentrierten und methodisch ‚objektiv' kontrollierbaren Interpretationssituation stehen ModeratorInnen der Erwachsenenbildung nicht vor dem ethischen Problem des ‚Entreißenwollens' von Lebensgeschichten, sondern in dem des sofortigen Interagierens, Reagierens, Spiegelns, Brechens, Vermittelns zwischen unterschiedlichen Perspektiven. Eine Distanz zum ‚Text', in unserem Fall zum gesprochenen Wort, die ein wiederholtes ‚Lesen' und das Analysieren von einzelnen Sequenzen bis hin zu einer plausiblen Interpretation erlauben würde, kann in Bildungsveranstaltungen nicht eingenommen werden." (Behrens-Cobet/Reichling 1997, 23f.)

Zusammenfassend lässt sich also festhalten, dass es sich in dem einen Fall um einen *forschungsmethodischen* Ansatz und in dem anderen um einen *didaktisch-methodischen* Ansatz handelt. Während das Erkenntnisinteresse der Biografieforschung auf die individuellen Verarbeitungsprozesse gesellschaftlicher und zeitgeschichtlicher Gegebenheiten ausgerichtet ist, zielt die biografisch orientierte Bildungsarbeit auf die Anregung und Unterstützung *biografischen Lernens* und die *Entfaltung biografischer Kompetenz* oder *„Biografizität"* (vgl. Alheit 1993a, 1993b).

Biografisches Lernen als bewusste Auseinandersetzung mit der eigenen Lebensgeschichte

Bei der Klärung des Begriffs des *biografischen Lernens* folgen wir den Ausführungen der Arbeitsgruppe „Biografisches Lernen", die Buschmeyer Ende der 80er-Jahre des 20. Jahrhunderts am Landesinstitut für Schule und Weiterbildung in Soest (NRW) aufgebaut hat (vgl. Buschmeyer/Behrens-Cobet 1990; Behrens-Cobet/Reichling 1997; Behrens-Cobet 2000). Demnach kann der Begriff des biografischen Lernens in zweifacher Weise unterschieden werden:

> „Biografisches Lernen als das Lernen, das sich in der Lebensgeschichte selbsttätig vollzieht; Biografisches Lernen

als das Lernen, das sich durch die bewusste Auseinandersetzung mit der eigenen Lebensgeschichte und deren Aneignung auszeichnet“ (Buschmeyer 1990, 15).

Damit ist die funktionale und die intentionale Seite biografischen Lernens angesprochen: „Funktional betrachtet, geschieht Lernen immer schon diesseits aller pädagogischen Reflexion und allen Bemühens in der Lebensgeschichte, insofern ist, funktional betrachtet, alles Lernen biografisches Lernen. Dabei kann auch die Auseinandersetzung mit der eigenen Lebensgeschichte eine Rolle spielen, ohne dass dieser Prozess pädagogisch gestaltet sein müsste. Intentional betrachtet, erfahren die beiden Verständnisse biografischen Lernens eine Einschränkung, insofern nur das Lernen als biografisches Lernen betrachtet werden soll, bei dem es entweder um intentional gestaltete Lernprozesse in der eigenen Lebensgeschichte geht oder aber um eine bewusste und gegenständliche Auseinandersetzung mit eigener Lebensgeschichte und deren Aneignung“ (ebd.).

Spricht man vor allem im Sinne intentional gestalteter Lernprozesse von biografischem Lernen, wie wir das in diesem Buch tun wollen, dann muss der Begriff des biografischen Lernens allerdings in mehrfacher Hinsicht offen gehalten werden:

- Die Auseinandersetzung mit der eigenen Lebensgeschichte und deren Aneignung kann nicht ohne Berücksichtigung und Auseinandersetzung mit den Lebensgeschichten anderer gelingen, da die Lebensgeschichte immer sozial konstituiert ist.
- Intentional geplante biografische Lehr- und Lernprozesse gelingen nur dann, wenn sie in die vorlaufenden und begleitenden funktionalen Lernprozesse eingebettet sind. Wichtige Voraussetzung für die pädagogische Gestaltung biografischen Lernens ist es daher zu wissen, welche Bildungsprozesse sich in der Lebensgeschichte schon vollzogen haben.
- Das gelebte Leben kann eigengestaltetes, produktiv selbstbestimmtes Leben sein, aber auch fremdbestimmtes, erlittenes Leben sein. Wie „eigen“ die eigene Lebensgeschichte ist, ist also nur schwer bestimmbar.

- „Die bewusste und ausdrückliche Thematisierung von Lebensgeschichte ist immer eingebettet in nicht-bewusste Kontexte, und nicht immer kann ein klarer Schnitt zwischen bewusst und nicht-bewusst gelegt werden" (ebd.). Zwar geht es beim biografischen Lernen darum, den Anteil des Bewussten gegenüber dem (Noch-)Nicht-Bewussten zu erweitern, doch so einfach gelingt dieses nicht. Zum einen setzt die bewusste Thematisierung eine Vorstellung davon voraus, was bewusste Lebensgeschichte ist bzw. sein könnte, und zum anderen rührt die Thematisierung des Nicht-Bewussten an Schichten, die die einzelnen Teilnehmer, aber auch die Andragogen oder Geragogen überfordern können. Die Anregung biografischer Lernprozesse ist also für Professionelle auch eine Gratwanderung entlang der eigenen Kompetenz (vgl. auch Petzold 1999).
- Ferner muss es eine prinzipielle Bereitschaft geben, sich überhaupt einem Bewusstseinsprozess zu öffnen. Auch diese Voraussetzung biografischen Lernens ist nicht einfach einzulösen, denn oft „erwächst eine Vorstellung über die nicht-bewussten Anteile von Lebensgeschichte erst im Prozess des Redens und der Verständigung darüber, manchmal auch erst in mühseliger Interpretation des Gesagten" (Buschmeyer 1990, 16).

Der Begriff „Biografie" könnte auf das aufgeschriebene Leben, die Beschreibung des Lebens in schriftlicher Form eingegrenzt werden. Wir wollen den Begriff allerdings nicht so eng verwenden, sondern neben der schriftlichen Form auch das erzählte Leben mit einbeziehen. „Unverzichtbar ist das Zum-Ausdruck-Bringen des gelebten Lebens. Die Verschriftlichung eigener Lebensgeschichte bzw. Vergegenständlichung und Mediatisierung werden also nicht als eine notwendige Bedingung von biografischem Lernen angesehen. Biografisches Lernen kann beginnen mit dem Sammeln von Fotos und Objekten oder mit dem Erzählen bzw. dem Aufschreiben eigener Geschichten, die im Zusammenhang mit zentralen Bereichen des privaten und öffentlichen Lebens stehen. Von hier aus kann sich biografisches Lernen den Bedeutungen zuwenden, die in diesen Objekten und Geschichten enthalten sind. Sie gilt es zu entschlüsseln und sich ihnen verstehend anzunähern" (Buschmeyer 1990, 18). Für die Arbeit mit Menschen mit geistiger Behinderung wird man diesen Begriff des biografischen Lernens noch erweitern müssen, denn das „Zum-Ausdruck-Bringen“ gelebten Lebens bezieht sich auch auf leibliche Äußerungen und das „vorbewusste“ Leben, diesseits des schriftlichen oder erzählten Lebens.

Unter biografischem Lernen verstehen wir den Prozess der Auseinandersetzung mit der eigenen Lebensgeschichte als produktive Verarbeitung des eigenen Lebens und ihre bewusste Aneignung. Dieser Prozess kann durch Bildungsangebote unterstützt, gefördert, intensiviert, angeregt werden, indem die eigene Lebensgeschichte thematisiert wird. Die eigene Lebensgeschichte wird damit selbst zum ausdrücklichen und bewussten Gegenstand des Lehrens und Lernens. Dabei wird eine zunehmende Bewusstheit gegenüber der eigenen Lebensgeschichte angestrebt (vgl. auch Vogt 1996).

In diesem Buch geht es vorrangig um diese Form des biografischen Lernens. Das Besondere dabei ist, dass wir versucht haben, Bewusstheit gegenüber der eigenen Lebensgeschichte bei Menschen anzuregen, die wir als geistig behindert etikettieren.

Biografiearbeit mit geistig behinderten Menschen

Damit wird die Methode der Biografiearbeit nicht einfach für *irgendeinen* neuen Personenkreis erschlossen und fruchtbar gemacht, sondern für einen Personenkreis, der bis heute dem *Vorurteil der Gegenwartsgebundenheit* des Erlebens und Handelns ausgesetzt ist (vgl. Lindmeier 2001a). Fehlendes oder auf Grund der kognitiven Beeinträchtigung fehlgeleitetes bzw. fehlgehendes Zeitbewusstsein gilt in der Geistigbehindertenpsychologie und in der zugehörigen Diagnostik nach wie vor als ein zentrales Definitionskriterium für geistige Behinderung und als eines der hervorstechenden Merkmale dieses Personenkreises:

> „Vielen [geistig] Behinderten fehlen zeitliche Kategorien; sie führen gleichsam ein geschichtsloses Leben. Nur wenige Behinderte orientieren sich an Jahreszahlen oder Altersangaben. Ihre zeitliche Perspektive orientiert sich eher an

Kategorien, die durch die Anstaltsunterbringung gesetzt sind (z.B. vor der Aufnahme in die Anstalt; als X. noch Hausvater war; vor oder nach dem Jahresfest usw.). Dadurch entstehen für die einzelnen sehr verschobene zeitliche Perspektiven: lange Zeiträume werden für kürzer angesehen; das eigene Lebensalter wird nicht ‚richtig' eingestuft, also auch nicht richtig im Verhältnis zum Alter von anderen." (Bader 1996, 282)

Diese Einschätzung einer erfahrenen Einrichtungspsychologin belegt nicht nur exemplarisch die von uns kritisierte Auffassung; sie belegt auch, warum es sich um ein Vorurteil handelt. Die von der Psychologin beschriebenen fehlenden zeitlichen Kategorien beziehen sich nämlich ausschließlich auf „objektive" Daten und deren chronologische Verortung im Lebenslauf. Das *subjektive Zeiterleben* der beschriebenen Menschen scheint sie hingegen überhaupt nicht zu interessieren, ja es wird sogar abgewertet durch die Äußerung, Menschen mit geistiger Behinderung führten ein „geschichtsloses Leben".

Die von Bader beschriebenen und als „geschichtsloses Leben" abgewerteten zeitlichen Perspektiven geistig behinderter Erwachsener lassen sich ohne weiteres den von Schulze herausgearbeiteten Kennzeichen lebensgeschichtlicher Äußerungen zuordnen, während es Bader nur um lebenslaufbezogene Äußerungen zu gehen scheint.

Nach Schulze gibt es drei Aspekte, die bei der Unterscheidung von lebenslaufbezogenen und lebensgeschichtlichen Äußerungen berücksichtigt werden müssen:

- Während lebenslaufbezogene Äußerungen zweckgebunden sind und in administrativen Handlungs- oder Behandlungszusammenhängen vorgebracht werden, sind lebensgeschichtliche Äußerungen Selbstzweck.
- Die Unterschiede zwischen lebenslaufbezogenen und lebensgeschichtlichen Äußerungen bestehen nicht nur in der Form der sprachlichen Äußerung, sondern greifen real in die Gestaltung des Lebens ein. „Lebenslauf und Lebensgeschichte sind also auch zu verstehen als zwei unterschiedliche Formen, das individuelle Leben zu konzipieren" (Schulze 1993b, 189).

- Lebenslauf und Lebensgeschichte werden durch unterschiedliche Denkschemata und Handlungspläne gesteuert. Während Lebensläufe in Qualifikationen und Rollen konzipiert sind, werden Lebensgeschichten durch das Bemühen um die Erzeugung und Erhaltung von Identität bestimmt.[1]

Wenn Menschen mit geistiger Behinderung beispielsweise darüber berichten, wie sie den Wechsel in ein Behindertenheim erlebten und welche Bedeutung dies für ihr Leben hatte, dann haben wir es hier mit Äußerungen zu tun, auf die exakt das zutrifft, was Schulze unter lebensgeschichtlichen Äußerungen versteht: Diese Äußerungen sind vor allem Selbstzweck, weil sie der Selbstfindung oder Selbstvergewisserung dienen und als solche von dem Bemühen um die Erzeugung und Erhaltung der eigenen Identität bzw. eines Selbstkonzepts bestimmt. Umgekehrt gilt: Auch Menschen, die nicht lebenslang geistig behindert waren, orientieren sich, wenn sie sich erinnern, an solchen *individuellen Kategorien*, die bedeutungsvolle *lebensgeschichtliche* Ereignisse zum Ausdruck bringen. Dass sie von Menschen mit geistiger Behinderung nicht chronologisch verortet werden können, berechtigt nicht zu der Aussage, dass diese Menschen „gleichsam ein geschichtsloses Leben“ führen.

Indem wir in diesem Buch zeigen, wie man mit geistig behinderten Menschen biografisch arbeiten und kommunizieren kann, wollen wir also auch mit dem wissenschaftlich gestützten und in der Praxis tradierten Vorurteil aufräumen, dass Menschen mit geistiger Behinderung ein klares zeitliches Bewusstsein fehlt. Nach unseren Erkenntnissen sind diese Menschen zumindest hinsichtlich ihrer lebensgeschichtlichen Erfahrungen sehr wohl in der Lage, ihr „Gewordensein“ zu reflektieren, wenn sie dabei Anleitung und Unterstützung erhalten (vgl. auch Miessler/Bauer 1978).

---

1 Unter Identität versteht Schulze „umfassende und zugleich offene Orientierungen und Handlungspläne, die darauf gerichtet sind, eine Verbindung zwischen verschiedenartigen Tätigkeiten und Tätigkeitsfeldern zu sichern, Übergänge zu neuen Verhaltensweisen zu ermöglichen und unvorhergesehene oder unvorhersehbare Veränderungen und Herausforderungen aufzufangen“ (1993b, 192).

„Lebensgeschichten“ – so lässt sich mit Schulze zusammenfassend feststellen – „konzipieren Leben auf eine andere Weise. (...) Sie setzen in der Regel das Konzept eines Lebenslaufes voraus, aber sie verleihen ihm einen anderen Sinn, der sich im Verlauf der individuellen Lebensgeschichte jeweils erst neu herstellt. Er ist im Unterschied zum Lebenslauf eine produktive Leistung des einzelnen Individuums“ (1993b, 192).

Zum weiteren Aufbau des Buches

Im zweiten Kapitel dieses Buches setzen wir uns zunächst mit den in der Erwachsenen- und Altenbildung und in der Altenhilfe und -pflege vorliegenden Grundannahmen und Zielsetzungen biografischer Arbeit auseinander. Danach werden die didaktischen Prinzipien und die methodischen Elemente der Biografiearbeit allgemein erläutert. Außerdem soll die Rolle der Erwachsenenbildner als Moderatoren der biografischen (Selbst-)Reflexion ausführlich erörtert werden. Abschließend wollen wir darlegen, welche Besonderheiten beim Personenkreis der Menschen mit geistiger Behinderung zu berücksichtigen sind.

Beim dritten und vierten Kapitel handelt es sich um den Hauptteil des Buches. Diese Kapitel fassen unsere praktischen Erfahrungen mit der Biografiearbeit in Gruppen und mit einzelnen Personen zusammen. Da sich unsere Erfahrungen bislang nicht auf Menschen mit geistiger Behinderung in besonders schwierigen Lebenslagen erstrecken, haben wir zwei Gastautorinnen eingeladen, einen Beitrag zur Biografiearbeit im Rahmen der Enthospitalisierung von Menschen mit geistiger Behinderung (*Bettina Lindmeier*) und zur Biografiearbeit mit geistig behinderten Menschen mit Demenz (*Angelika Trilling*, unter Mitarbeit von *Noelle Blackman*) beizusteuern. Der Beitrag von *Angelika Trilling* bezieht sich vor allem auf praktische Erfahrungen aus Großbritannien, da die Arbeit mit Menschen, die zeitlebens geistig behindert waren und im (Erwachsenen-)Alter an Demenz erkrankt sind, in der Bundesrepublik Deutschland erst am Anfang steht.

Im letzten Kapitel des Buches stellen wir eine Sammlung von Methoden der Biografiearbeit vor, die zur Anregung, Vertiefung und Strukturierung des Umgangs mit der eigenen Lebensgeschichte dienen können und von uns hinsichtlich ihrer Praxistauglichkeit für die Biografiearbeit mit Menschen mit geistiger Behinderung erprobt wurden. Dabei handelt es sich in vielen Fällen um gängige Methoden der Biografiearbeit, die durch geringfügige Modifikationen für die biografische Kommunikation mit Menschen mit geistiger Behinderung passend gemacht werden konnten. Zum Teil enthält dieses Kapitel aber auch Methoden, die von uns erarbeitet wurden. In der Einleitung zu diesem Kapitel wird erläutert, wie mit der Methodensammlung umzugehen ist.

1. Konzeptionelle Überlegungen zur Biografiearbeit mit geistig behinderten Menschen

Das biografische Lernen entwickelte sich im Laufe der 80er-Jahre des 20. Jahrhunderts zu einem *didaktisch-methodischen Konzept* der allgemeinen Erwachsenen- und Altenbildung. Es konnte sich gegen seine Kritiker, die darin nur wenig „Bildungswert“ sehen, durchsetzen und ist in den letzten zehn Jahren – meist unter der Bezeichnung „Biografiearbeit“ – regelrecht in Mode gekommen (vgl. z.B. Siebert 1985; Mader 1994; Klingenberger 1996; Behrens-Cobet/ Reichling 1997; Skiba 1996; Kade 1997; Opitz 1998; Gudjons/Pieper/Wagener 1999; Behrens-Cobet 2000; Weingandt 2001; Ruhe 2003). Eine ähnliche Konjunktur erlebte im gleichen Zeitraum die *biografiegestützte Arbeit* (Erinnerungsarbeit, Reminiszenz-Arbeit) *mit alten Menschen* (vgl. z.B. Falk 1992; Schneider 1994; Blimlinger et al. 1996; Böhm 1996, 1998; Osborn/Schweitzer/Trilling 1998; Gereben/Kopnitsch-Berger 1998; Müller/Schesny-Hartkorn 1998), in letzter Zeit auch verstärkt mit alten und *dementen* Menschen (vgl. z.B. Müller 1994; Trilling et al. 2001; Kuratorium Deutsche Altershilfe 2001; Powell 2002; Feil 2002). Die Altenhilfe- und -pflege bedient sich dabei vielfach der gleichen Methoden wie die biografisch orientierte Bildungsarbeit. Wie das Beispiel der Biografiearbeit mit Kindern und Jugendlichen, die von ihren Herkunftsfamilien getrennt wurden, zeigt, eignet sie sich keineswegs nur für erwachsene und alte Menschen (vgl. Ryan/Walker 2003).

Unser Verständnis von Biografiearbeit stützt sich auf Erkenntnisse und Erfahrungen aus unterschiedlichen Praxisfeldern. In diesem Kapitel setzen wir uns deshalb zunächst mit den in der Erwachsenen- und Altenbildung und in der Altenhilfe und -pflege vorliegenden Grundannahmen und Zielsetzungen biografischer Arbeit auseinander. Danach werden die didaktischen

Prinzipien und die methodischen Elemente der Biografiearbeit allgemein erläutert. Außerdem soll die Rolle der Erwachsenenbildner als Moderatoren der biografischen (Selbst-)Reflexion ausführlich erörtert werden. Abschließend wollen wir darlegen, welche Ausgangslage beim Personenkreis der Menschen mit geistiger Behinderung zu berücksichtigen ist.

Grundannahmen und Zielsetzungen biografischer Arbeit in unterschiedlichen Praxisfeldern

Obwohl die Erwachsenen- und Altenbildung und die Altenhilfe und -pflege überwiegend dieselben Methoden der Biografiearbeit anwenden, gibt es durchaus Unterschiede hinsichtlich ihrer Grundannahmen und Zielsetzungen. Da für die Biografiearbeit mit geistig behinderten Menschen die Erfahrungen aus beiden Praxisfeldern genutzt werden sollten, gehen wir im Folgenden kurz auf beide Handlungsfelder ein.

Zielsetzungen der Biografiearbeit in der Erwachsenen- und Altenbildung

Bereits in der Einleitung wurde herausgestellt, dass wir biografische Arbeit als eine bewusste Auseinandersetzung mit dem persönlichen Lebensweg verstehen, die die Hauptstationen, die Umwege, Brüche und Hindernisse dieses Wegs ebenso mit einbezieht wie seine Neuanfänge, Perspektiven und Ziele. „Die individuelle Lebensgeschichte wird gesehen als ein letztlich sinnhaftes Ganzes, das weder schicksalhaft vorbestimmt ist noch ausschließlich durch willkürliche Zufälle geprägt wird, sondern dessen Sinnhaftigkeit individuell erfahren und gefüllt werden kann. Diese Möglichkeit *persönlicher Ziel- und Sinnorientierung* verdeutlicht – bei aller gleichzeitig zu beachtenden sozialen und zeitgeschichtlichen Eingebundenheit – die Bedeutung individueller Verantwortung für den eigenen Lebensweg. In diesem Sinne geht biografische Arbeit von der Möglichkeit und Notwendigkeit der Selbsterziehung aus. Insgesamt ist sie somit einem humanistisch-ganzheitlichen Menschenbild verbunden." (Vogt 1996, 46).

In der Erwachsenen- und Altenbildung verfolgt die Biografiearbeit folgende Zielsetzungen:

- Zentrales Anliegen der Biografiearbeit ist die *Stärkung von persönlicher Eigenart und Eigenständigkeit*. Die Auseinandersetzung mit der eigenen Biografie kann sowohl individuelle Besonderheiten klären helfen als auch Anpassungsprozesse an gesellschaftliche Normen verdeutlichen.
- Im Vordergrund biografischer Arbeit steht somit auch die *Betonung von Eigenverantwortung für den persönlichen Lebensweg*. Eigenverantwortung bedeutet dabei ganz konkret die Erfahrung, dass es möglich ist, individuelle Antworten auf Lebensfragen zu finden.
- Dementsprechend muss Biografiearbeit als eine zeitweilige Begleitung und anfängliche Anregung für einen Lernprozess, der individuell (d.h. auch im Alltag) weitergeführt werden kann und im Prinzip offen bleibt, aufgefasst werden. Entsprechend ist auch die Vermittlung von *methodischen Anregungen für die selbstständige Weiterarbeit* ein Ziel dieser Arbeit.
- Biografische Arbeit zielt ferner darauf ab, einen *verbindenden Blick auf Vergangenheit, Gegenwart und Zukunft zu schulen*. „Das bedeutet weder, sich vorrangig mit Vergangenem zu beschäftigen, also den Blick zurück einseitig zu betonen (wie es der Begriff ‚biografisch' ... zunächst suggeriert). Noch bedeutet das, die Gegenwartsbetrachtung und -empfindung in den Vordergrund der Arbeit zu stellen. Vielmehr wird versucht, beide Wahrnehmungsrichtungen mit einem Blick nach vorn, mit einer finalen Orientierung zu verknüpfen und zwar nicht nur in vagen Überlegungen, sondern im Entwurf realisierbarer, nächster Entwicklungs- und Lernschritte." (Vogt 1996, 47)

Zusammengefasst sind also die Grundanliegen der Biografiearbeit in der Erwachsenen- und Altenbildung:

- „Gewordenheit erkennen (Themenfäden, sich wiederholende Muster, Knotenpunkte u.ä. erkennen),
- Eigenverantwortung übernehmen (die Gestaltung des eigenen Lebenslaufs in der Gegenwart begreifen und bewusster übernehmen),

- Konsequenzen für den weiteren Lebensweg ziehen (Zukunftsperspektiven und persönliche Ziele entwickeln und verfolgen lernen)." (ebd.)

Erwachsenen- und Altenbildung verstehen somit den Ansatz biografischer Arbeit als Anregung und Unterstützung des *permanenten Lernprozesses* der Reflexion des bisherigen und potenziell weiteren Lebensweges im Schnittpunkt der gegenwärtigen Lebenssituation.

Zielsetzungen der Biografiearbeit in der Altenhilfe und -pflege

Im Kontext der Hilfe und Pflege für alte, insbesondere aber alte und demente Menschen, schafft Biografiearbeit in erster Linie einen lebendigen Zugang zu diesen Menschen und hilft Kommunikationsbarrieren abzubauen. Dabei erfüllt sie folgende Funktionen (vgl. auch Kuratorium Deutsche Altershilfe 2001):

- Bedürfnisse und Wünsche werden schneller verstanden, wenn die Biografie bekannt ist. Die Möglichkeiten von Fehlinterpretationen werden so verringert und kritische Situationen besser gemeistert.
- Durch das Erfassen der Biografie wird ein Zugang geschaffen und die Beziehung zwischen den Professionellen und den alten Menschen verbessert. Der Blick wird auf die Ressourcen der Menschen gerichtet.
- Kenntnisse über die Lebensgeschichte helfen den Professionellen, den Respekt vor den alten Menschen zu bewahren und sie nicht nur auf elementare Lebensäußerungen zu reduzieren (z.B. „Satt-und-Sauber"-Versorgung bei hohem Pflegebedarf). Außerdem erweitert sich der eigene Horizont, wenn man sich auf das Leben anderer Menschen einlässt.
- Biografiearbeit dient als Kommunikationsmittel. Damit werden auch Außenkontakte erhalten bzw. hergestellt. Alte Menschen können sich so in eine größere soziale Gruppe oder ein soziales Netzwerk eingebunden fühlen.
- Sicherheit und Geborgenheit werden geschaffen, wenn alte Gewohnheiten beibehalten werden können.

- Die Identität der alten Menschen wird gestärkt; Reden über angenehme Erinnerungen kann Gereiztheit und Traurigkeit mindern. Denn schöne, aktive Zeiten können auch schöne Erinnerungen und positive Gefühle wiedererwecken.

Sich erinnern ist ein Vorgang, der verschiedene Prozesse auslösen kann: Sich erinnern kann aus Freude am Erzählen geschehen, aber auch psychotherapeutischen Sinn haben. In Anlehnung an die anglo-amerikanische Fachdiskussion hat Dagmar Müller folgende *Typen* des Erinnerungsprozesses identifiziert (vgl. 1994, 99):

- Das „einfache Erinnern" tritt spontan auf.
- Beim „informativen Erinnern" werden Erlebnisse zum Vergnügen erzählt.
- Beim „evaluativen Erinnern" werden Erinnerungen neu strukturiert und neu bewertet.
- Wenn Menschen Erlebtes nicht akzeptieren können und die Folge Depression oder Selbstmordgedanken sind, soll das „obsessive Erinnern" in der Therapie so in Bahnen gelenkt werden, dass ein Heilungsprozess möglich ist.
- Wenn Erinnerungen als wertvoll betrachtet werden, nennt man diesen Prozess „Erinnerungen wertschätzen".
- In dem Prozess „Regret and Resolution" stehen Bedauern und Auflösung im Mittelpunkt.
- Der Prozess „Loss and Depression" kennzeichnet negatives Verlusterleben, Wut und Trauer.
- Beim Lebensrückblick wird der Erinnerungsprozess strukturiert und geleitet.

Diese Auflistung möglicher Typen von Biografie- oder Erinnerungsarbeit zeigt, was mit Biografiearbeit alles intendiert sein kann. In der Regel begegnen wir in der Praxis verschiedenen Formen des Erinnerns.

Biografiearbeit gilt in der Altenhilfe und -pflege mittlerweile als einer der wichtigsten Türöffner im Umgang mit alten Menschen in schwierigen Lebenslagen. Wie man im neuen Handbuch zur Demenz des Kuratoriums Deutscher Altershilfe nachlesen kann, gilt dies sogar für an Demenz erkrankte Menschen und Menschen mit psychischen Veränderungen. Darin heißt es: „Bei Menschen mit Demenz ist ein Rückzug in die

Vergangenheit zu beobachten. Wenn die Mitarbeiter nichts über den Lebenslauf ihrer Klienten wissen, wirken viele Aussagen verworren und verwirrt. Mit biografischem Hintergrundwissen sieht das schon anders aus. Da bekommen desorientierte Handlungen und Äußerungen plötzlich Sinn und sind verständlich. Auch der erfolgreiche Einsatz von ‚kleinen' Maßnahmen und Erinnerungsstücken ist wesentlich davon abhängig, ob die Mitarbeiter über den Beruf, die Familie, über Interessen und Vorlieben (z.B. Musik) Bescheid wissen." (2001, 33)

Biografiearbeit ist deshalb auch fest mit der Angehörigenarbeit verwoben, denn biografische Angaben können oft nur Angehörige machen. Angehörige helfen bei der Interpretation schwieriger Verhaltensweisen und ebenso bei der nonverbalen Kommunikation mit dementen Menschen. Angehörige geben außerdem Auskunft über Vorlieben und Abneigungen. Damit helfen sie nicht nur ihrem Familienmitglied und den professionellen oder ehrenamtlichen Mitarbeitern, sondern auch sich selber, weil sie damit gegen ihr schlechtes Gewissen angehen, nicht mehr genug für den Betroffenen tun zu können. Mit Petzold (1999) kann man in diesem Zusammenhang von einer *vikariellen Biografiearbeit* sprechen, denn es geht darum, dass Angehörige bei diesen Personenkreisen sozusagen ersatzweise und stellvertretend Biografiearbeit leisten.

Anders als die Erwachsenen- und Altenbildung sieht die Altenhilfe und -pflege den Nutzen der Biografiearbeit also in erster Linie darin, alten Menschen in schwierigen Lebenslagen einen lebendigen Zugang zu sich selbst und zu ihrer Umwelt zu erhalten oder wieder anzueignen. Hauptziel einer organisierten Erinnerungsarbeit im Kontext der Altenhilfe- und pflege ist demnach das *subjektive Wohlbefinden* von Menschen in schwierigen Lebenslagen.

Ethische Grundsätze der Biografiearbeit

An dieser Stelle ist auch auf einige *ethische Grundsätze* der Biografiearbeit hinzuweisen. Sie zeigen, wie sehr die Biografiearbeit der Leitidee der Selbst- und Mitbestimmung verpflichtet ist:

- Biografiearbeit sollte immer auf Freiwilligkeit beruhen. Es sollte auch nur das weitergegeben werden, was die betreffende Person oder ihre Angehörigen selbst bereitwillig erzählen oder in einer anderen Form von sich preisgeben. Nur wenn der Eindruck entsteht, dass der behinderte und/ oder alte Mensch und seine Angehörigen möchten, dass die anderen Mitarbeiterinnen darüber Bescheid wissen, sollten Auskünfte zur Lebensgeschichte weitergegeben werden. Biografiearbeit dient nämlich in erster Linie der Identitätsbildung und dem Selbstvergewisserungsbedürfnis des behinderten Menschen und nicht dem Anreichern der Bewohnerakte.
- Wenn in der Biografiearbeit sensible Themen besprochen werden, ist dringend davor zu warnen, dies ohne die nötige Sensibilität zu tun. Dies kann zum Beispiel der Fall sein, wenn es um die Erfahrung sexuellen Missbrauchs geht. Würde und Selbstbestimmung werden bei der Biografiearbeit also nur gewahrt, wenn man immer darauf achtet, ob es dem behinderten und/oder alten Menschen unangenehm ist, dass man bestimmte Dinge über ihn erfährt. Sollte dies der Fall sein, sollten bestimmte Themen eben auch nicht angesprochen werden.
- Nicht jede Erinnerung ist positiv. Wie das Beispiel des „obsessiven Erinnerns“ zeigt, kann das Gespräch über tabuisierte und belastende Ereignisse die Kompetenz der Mitarbeiter und auch der Angehörigen überschreiten. Man sollte daher bestimmte Themen lieber nicht ansprechen, wenn man sich nicht zutraut, mit den Gefühlen des anderen Menschen umgehen zu können. Stattdessen sollte gegebenenfalls die Möglichkeit einer psychotherapeutischen Behandlung in Erwägung gezogen werden, wobei es natürlich ein nicht unerhebliches Problem darstellt, dass es kaum Therapeuten gibt, die mit dem Personenkreis der geistig behinderten Menschen Erfahrung haben.

Der didaktisch-methodische Ansatz biografischen Lernens

Da die Erwachsenen- und Altenbildung in ihrer Theorie des Lehrens und Lernens weiter ausgearbeitet ist als die Altenhilfe und -pflege, haben wir uns bei unseren konzeptionellen Überlegungen zur didaktisch-methodischen Gestaltung der Biografiearbeit mit geistig behinderten Menschen stärker an dieser orientiert.

Ein zentrales Prinzip der andragogischen/geragogischen Biografiearbeit ist die „offene Didaktik". Aus diesem Prinzip leiten sich alle weiteren didaktischen Prinzipien und methodischen Erwägungen biografischer Arbeit mehr oder weniger ab (vgl. Behrens-Cobet/Reichling 1997).

Das Prinzip einer offenen Didaktik

Behrens-Cobet und Reichling haben in ihrem Buch „Biografische Kommunikation" (1997) aus der Sicht der politischen Erwachsenenbildung zusammengetragen, unter welchen Voraussetzungen professionell gestaltete Biografiearbeit in der Erwachsenen- und Altenbildung stattfinden kann. Bei der Umsetzung des Prinzips der offenen Didaktik sollten folgende Gesichtspunkte berücksichtigt werden:

- Im Falle der Biografiearbeit mit Menschen, die lebenslang in Institutionen der Behindertenhilfe leben mussten und eine „Institutionenbiografie" aufweisen (vgl. Wieland 1995, 1996; Herriger 1997; Theunissen 2002), bedeutet das beispielsweise, dass man sich vor Beginn der Veranstaltungsreihe ein möglichst *realitätsgerechtes Bild von der Lebenswelt* dieser Menschen verschafft.
- Es empfiehlt sich, vor Beginn der Arbeit mit Gesprächsgruppen *Themenbereiche abzustecken.* Hierzu eignen sich sowohl die üblichen Stationen der „*Normalbiografie*" (Geburt, Kindsein, Einschulung, Ausbildung, Prüfungen, Partnerschaft, Berufskarriere usw.) als auch „kritische Lebensereignisse", in denen oft ein Detail eine Rolle spielt.
- Didaktisch Planende können zum thematischen Schwerpunkt passende *autobiografische Literatur oder Filme* einbeziehen,

sich also mit bereits veröffentlichten subjektiven Sichtweisen auf Geschichte und Gesellschaft, sei es aus der Sicht des Erleidens oder des Mitgestaltens, deutend auseinandersetzen und didaktische Phantasien entwickeln. Es ist allerdings bereits an dieser Stelle anzumerken, dass man bei der Biografiearbeit mit geistig behinderten Menschen kaum auf solches Material zurückgreifen kann.

- Biografiearbeit ist nicht auf das Erzählen angewiesen. Lebensgeschichtliches Erzählen lässt sich auch mit biografischem Schreiben oder mit szenischen Darstellungen kombinieren. Diese Formen der Auseinandersetzung arbeiten assoziativ und nutzen – stärker als reine Gesprächsgruppen dies vermögen – Momente der Vertiefung und Verlangsamung. Vertiefung und Verlangsamung durch aktivitätsorientierte Formen der Biografiearbeit spielen bei Menschen mit geistiger Behinderung eine beträchtliche Rolle.
- Das didaktische Konzept in biografischen Lernarrangements setzt auf die *Alltagsexpertenschaft* der Teilnehmerinnen. Diese ist allerdings nur begrenzt voraussehbar. Am Prinzip einer offenen Didaktik festzuhalten bedeutet also auch, dass bei der Planung der einzelnen Sitzungen eine gewisse Unberechenbarkeit in Kauf genommen werden muss. Es liegt bei der Biografiearbeit ein gewisser Widerspruch darin, dass man einen Kurs auf der Grundlage von Erfahrungen konzipieren muss, ohne Sicherheit zu haben, diese später bei den Teilnehmern tatsächlich so vorzufinden. Außerdem wechseln die Gespräche häufig unerwartet die zunächst intendierte thematische Richtung, indem sich ein in der Planung unterbewerteter Aspekt durchsetzt. Die didaktische Planung ist daher eine Grundlage, von der aus die in der Gruppe selbst entstandenen thematischen Modifikationen und Transformationen aufgegriffen werden können und sollen. Für die Biografiearbeit mit geistig behinderten Menschen gilt dies in ganz besonderem Maße, weil deren Alltagsexpertenschaft oft erst aktiviert werden muss.

Biografiearbeit sieht sich also „grundsätzlich mit dem Problem konfrontiert, ‚rote Fäden' nicht aus dem Auge zu verlieren und gleichzeitig, um im Bild zu bleiben, Schleifen zuzulassen und deren Bedeutung für eine Verfeinerung oder Transformation von Themen zu erkennen" (Behrens-Cobet/Reichling 1997, 36).

Der „rote Faden“ wäre allerdings verloren, wenn als Arbeitsergebnis lediglich eine Ansammlung disparater Erzählungen und Erinnerungsspuren entstünde, die keine Struktur, kein „Bild“ ergeben. „Geduldiges Zuhören kann also neue Fragerichtungen und Einschätzungen allgemeiner Art ermöglichen, aber ebenso gegenteilige Effekte erzeugen, nämlich eine thematische und soziale Überforderung des Gruppenprozesses. Die Gefahr eines für die Bildungsarbeit quasi folgenlosen Erzählens lässt sich nicht grundsätzlich bannen, sondern ist in biografischer Kommunikation strukturell mit angelegt. Im Bewusstsein dieser Gefahr kann ... Misserfolgen selbstbewusster begegnet werden.“ (ebd.) Diesen Gefahren der Gruppenarbeit kann aber auch durch biografische *Einzelarbeit* begegnet werden.

Methodische Aspekte der Biografiearbeit

Hinsichtlich seiner *methodischen Umsetzung* kann biografisches Lernen auf sehr unterschiedliche Weise geschehen. Es kann sowohl in Form von Malarbeiten und kreativen Arbeiten, von pantomimischen oder szenischen Darstellungen (*aktivitätsorientierte Biografiearbeit)* als auch in Form von Erzählungen (*gesprächsorientierte Biografiearbeit)* stattfinden (vgl. Gereben/Kopinitsch-Berger 1998). Außerdem sprechen wir in diesem Buch von *dokumentationsorientierter Biografiearbeit* (vgl. Kap. 6). Bei dieser Form der Biografiearbeit geht es hauptsächlich um das Konservieren und Archivieren von Erinnerungen durch die Produktion von „Andenken“.

Während in der allgemeinen Erwachsenen- und Altenbildung die gesprächsorientierte Biografiearbeit überwiegt, wird man in homogenen Lerngruppen wie in integrativen Gruppen mit geistig behinderten Teilnehmerinnen die Aktivitätsorientierung stärker gewichten müssen. In der Praxis wird es allerdings vor allem darauf ankommen, dass beide Ausrichtungen der Biografiearbeit sinnvoll miteinander verschränkt werden.

Eine andere wichtige methodische Frage biografischen Lernens zielt auf die *Sozialform* ab, denn nicht mit jeder Person ist Biografiearbeit in Form einer *Gruppenarbeit* durchführbar. Bei einer Thematik, die so sehr auf das subjektive Erleben ausgerichtet ist, ist vielmehr genau zu prüfen, ob nicht *Einzel-*

arbeit „zielführender" ist als die Arbeit in der Gruppe. Wir präsentieren daher in diesem Buch sowohl die *Gruppen-* als auch die *Einzelarbeit*.

Das Buch macht sich dabei zunutze, dass inzwischen ein umfangreicher Fundus an erprobten und bewährten Methoden der Biografiearbeit aus der Erwachsenen- und Altenbildung und aus der Altenhilfe und -pflege vorliegt (vgl. z.B. Bliminger u.a. 1996; Gereben/Kopinitsch-Berger 1998; Opitz 1998; Gudjons/Pieper/Wagener 1999; Weingandt 2001; Ruhe 2003). Dieses Methodeninventar wurde gesichtet und der besonderen Lernsituation von Erwachsenen mit geistiger Behinderung angepasst. Die angewandten Methoden und Materialien mussten hierfür teilweise erheblich modifiziert werden. Dies betraf insbesondere die vorausgesetzte Abstraktions- und Verbalisierungsfähigkeit. Darüber hinaus mussten für den Personenkreis der Menschen mit geistiger Behinderung neue Methoden und Materialien entwickelt und erprobt werden.

Obwohl in mehreren Büchern Methodensammlungen zu finden sind, haben wir uns wegen der zahlreichen Modifikationen und neu entwickelten Methoden dafür entschieden, auch in diesem Buch einen mit didaktisch-methodischen Kommentaren versehenen „Werkzeugkasten" des biografischen Lernens für die Nachahmung in der Praxis zusammenzustellen (vgl. Kap. 6).

Auch in der allgemeinen Erwachsenen- und Altenbildung setzt Biografiearbeit im Lernprozess mittlerweile nicht mehr ausschließlich auf das Gespräch und die Erzählung. „Es trifft wohl eher die Frühzeit des Umgangs mit mündlicher Überlieferung und nicht den gegenwärtigen Stand des biografischen Lernens, wenn das Klischee vorherrscht, es würde ‚einfach nur erzählt'." (Behrens-Cobet/Reichling 1997, 32). *Didaktisch-methodische Elemente* biografischer Kommunikation über „erlebte Geschichte" sind daher vielfältig und „multimedial" wie die Lebensgeschichte selbst (vgl. z.B. Behrens-Cobet/Reichling 1997; Gudjons/Pieper/Wagener 1999):

- *Lebensgeschichtliches Erzählen*: Impulsgebende Fragen wie, „Können Sie sich noch an Ihre Kindheit erinnern...?", sollen das lebensgeschichtliche Erzählen anregen.

- *Private Fotografien*: Auch Fotos aus dem Alltagsleben können zu Erzählungen anregen, aber auch zu zeitlichen Einordnungen und Resümees, zu Interpretation gesellschaftlicher Entwicklungen (z.B. Fotos des ersten Fernsehers). Darüber hinaus geben Fotos Auskunft über zwischenmenschliche Beziehungen (Eltern-Kind-Beziehungen, Geschlechterverhältnisse, Modestile usw.).
- *Zeugnisse, Briefe, Bücher*: Solche „Objekte" aus einer bestimmten Lebensphase können in das Rahmenthema einbezogen werden. Sie klären über Kulturen, Erziehungsstile, Diskriminierungserfahrungen usw. auf. Großformatige Bildbände zu Themen wie „Aus alter Arbeitszeit" (Eurich 2002) oder „Kindheit auf dem Lande" (Sauter 2002) sind eine gute Ergänzung zu Originalmaterialien.
- *Autobiografische Literatur*: Von den Teilnehmern vorgetragene autobiografische Texte können eine sehr viel höhere Aufmerksamkeit in der Gruppe erlangen als einzelne mündliche Erzählungen. Wer des Schreibens nicht (mehr) mächtig ist, kann eine andere Person für sich schreiben und vorlesen lassen.
- *Zeitungsartikel*: Texte aus Zeitungen über das Alltagsleben und/oder über politische Ereignisse in Deutschland und in der jeweiligen Lebensregion aus den zurückliegenden Jahrzehnten, die einen objektiven Charakter zu haben vorgeben, fordern zu individuellem Überprüfen, zum Ergänzen oder Korrigieren des Gelesenen heraus (z.B. zum Fall der Mauer).
- *Filme über Personen der Zeitgeschichte, Ausschnitte aus zeithistorischen Dokumenten*: Filme und zeitgeschichtliche Dokumente regen die Phantasie an und rufen bestimmte Orte, Farben und Formen, Lebens- und Verhaltensweisen in Erinnerung, die den Einstieg in die individuelle und kollektive Erinnerungsarbeit erleichtern.
- *Schallplatten, Hörbilder, Toncollagen, Literatur-Kassetten*: Eine Vielzahl der für die Erwachsenen- und Altenbildung angefertigten „Audio-Konserven" kommt auch für den Einsatz in der Biografiearbeit in Frage. Diese Tonträger erlauben eine Annäherung an kulturelle und emotionale Seiten gesellschaftlicher Prozesse (z.B. Radio-Hits der 30er- und 40er-Jahre).

- *Inhaltliche Experten*: Man kann auch inhaltliche Experten eines lebensgeschichtlich relevanten Themas in den Kurs einladen. Die geladenen Experten sollten allerdings in der Lage sein, nach einem thematischen Impuls eine Diskussion nicht nur über das vorbereitete Thema, sondern auch über den Erfahrungshintergrund der Teilnehmer zu führen.
- *Museen, Ausstellungen und Gedenkstätten*: Die Veranschaulichung von Vergangenheit und Versuche ihrer Deutung findet man auch in Museen sowie anderen Geschichte bewahrenden Orten und Räumlichkeiten. Museumspädagogische Dienste können helfen, diese Orte auch für Menschen mit geistiger Behinderung zu erschließen.
- *Biografisches Schreiben*: Die bereits erwähnte Verlangsamung und Vertiefung des Bildungsprozesses, die durch das biografische Schreiben bewirkt wird, ermöglicht einen in der Dynamik des Seminargeschehens sonst nicht praktikablen Denk-Prozess, der individuelle Erinnerungsmuster stärker zur Entfaltung bringt. Auch beim biografischen Schreiben ist Bildungs-Assistenz denkbar.
- *Szenische Darstellungen*: Biografiearbeit kann nicht nur verbal, sondern auch nonverbal geschehen. Dabei ist vor allem an die Körperarbeit zu denken, bei der man durch gezielte Übungen dem „Körpergedächtnis" auf die Spur kommt. Dabei wird Vergangenheit in Haltungen, in Mimik und Gestik zum Ausdruck gebracht. Körperarbeit muss behutsam und langsam aufgebaut werden. Am Anfang stehen deshalb meist Entspannungsübungen sowie Übungen zur Sensibilisierung der Körperwahrnehmung. Erst danach folgen die eigentlichen Übungen zum Körpergedächtnis, die meist im Medium der szenischen Darstellung erfolgen. Diese Form der biografischen Arbeit ist sehr intensiv und kann sehr tief gehen. Deshalb ist sorgfältig darauf zu achten, dass sich der Andragoge/Geragoge nicht zum Therapeuten „aufspielt". Körperarbeit ist das Mittel der Wahl bei nicht-sprechenden Menschen mit Behinderung. Anders als bei Filmen oder akustischen Medien müssen hier über den Tast- und Geruchssinn Spuren in die Vergangenheit gelegt werden. In der Altenhilfe und -pflege spricht man in diesem Zusammenhang neuerdings von einer „Sensobiografie" (vgl. Buchholz/Schürenberg 2003).

Professionelles Handeln in der Biografiearbeit als Moderation

Das Prinzip der offenen Didaktik hat auch Auswirkungen auf die Rolle der professionellen Unterstützer und Begleiter biografischer Lernprozesse. Ein wesentlicher Teil des andragogischen/geragogischen Handelns während der Biografiearbeit besteht in der *Moderation des Lernprozesses*. Wir sprechen daher in diesem Buch meist von Moderatorinnen, wenn wir die professionellen Andragogen/Geragoginnen in der Biografiearbeit meinen.

Die Aufgabe der Moderation besteht hauptsächlich darin, diesen Lernprozess überhaupt in Gang zu bringen und zu halten. Die Moderatorinnen müssen dabei vor allem wissen,

- wie zu beginnen ist,
- wie Lebensgeschichte thematisierbar gemacht werden kann und
- wie Lebensgeschichte thematisierungsfähig gehalten wird.

Biografiearbeit erfordert also seitens der Professionellen häufig einen „mäeutischen" Umgang[2] und ein sich Herantasten an aktiv und passiv Erlebtes. Aus dieser Hauptaufgabe leiten sich vielfältige Einzelaufgaben ab, die die organisatorische Vorbereitung und Durchführung betreffen und eine hohe methodische Kompetenz erfordern (vgl. z.B. Buschmeyer/Behrens-Cobet 1990; Behrens-Cobet/Reichling 1997; Gudjons/Pieper/Wagener 1999).

Die Rolle des Andragogen/Geragogen erhält – verglichen mit unterrichtlichen Lernsettings – insgesamt einen bescheideneren Zuschnitt, denn die Teilnehmerinnen treten als *Experten ihrer Biografie* und ihres Alltags auf und gehen mit dieser Haltung meist selbstbewusst in die „Lehr-Lern-Situation". Im andragogischen/geragogischen Setting des biografischen Lernens werden sie mit ihrer Expertenschaft nicht nur akzeptiert, sondern als unverzichtbare didaktische Mitträger des biografischen Ansatzes angesehen, so dass von *zwei unterschiedli-*

---

2 Mit „mäeutischem" Umgang ist bildlich gesprochen eine Art geistige „Hebammenkunst" gemeint.

chen, aufeinander bezogenen Expertenschaften gesprochen werden kann. Konkret bedeutet dies:

- Biografische Kommunikation ist vor allem interpretierende Arbeit. Dabei fällt den Moderatoren häufig die Aufgabe der „stellvertretenden Deutung“ zu. Dies sollte aber nicht mit der Deutungsmacht in Lehr-Lern-Situationen gleichgesetzt werden, sondern als „Probedeutung“ in den jeweils thematisch kreisenden Verstehens- und Verständigungsprozessen aufgefasst werden. Die erste Interpretation ist zumeist willkommener Anlass für Korrekturen am entworfenen Bild, für erweiterte oder auch für konkurrierende Deutungen, über die dann ausführlich diskutiert oder auch gestritten werden kann. „Suchbewegungen“ dieser Art sind keine Beschränkung professionellen Handelns, sondern gewissermaßen der methodische „Clou“ in der Biografiearbeit.
- Das Verstehen fremder Lebensgeschichten scheint umso eher zu gelingen, je mehr es auf der lebensgeschichtlichen Selbstreflexion der Moderatorinnen aufbauen kann. Hierzu gehören auch das Aufdecken eigener Verstehensblockaden und das Abrücken von überkommenen Normalitätsvorstellungen im aktuellen Verstehens- und Verständigungsprozess. Ein souveräner Umgang mit sozialer und biografischer Heterogenität als Lernanlass bedeutet zugleich, technokratisch-lineare Lernkonzepte zu verwerfen, was durch das Bereithalten eines flexiblen Methodenrepertoires leichter gewährleistet werden kann.
- Moderatoren biografischer Lernprozesse sollten noch mehr als in anderen Erwachsenen- und Altenbildungsveranstaltungen über die in der Andragogik/Geragogik selbstverständlichen Tugenden des Takts und der Diskretion beim Austarieren der Diskussionsbeiträge und der Abgrenzung latent-politischer wie brisant-therapeutischer Erzählmomente verfügen. Ohne die generelle soziale Kompetenz, diskursive Situationen mit anderen gemeinsam zu gestalten, wird auch in der Biografiearbeit keine dialogisch-offene und freie Atmosphäre entstehen können. Die Andragogen/Geragogen sollten deshalb auch bereit sein, aus ihrem eigenen Leben zu erzählen, weil ansonsten eine voyeuristische Komponente in der Biografiearbeit entsteht. Bei Menschen, die in Institutionen leben müssen, ergibt

sich zudem die Gefahr, dass die Biografiearbeit beschäftigungstherapeutisch ‚funktionalisiert' wird. Dies aber widerspräche ihrer identitätsstiftenden Qualität und Intention, denn die Identitätsbildung als zentrales Bildungsanliegen biografischen Lernens entsteht eben gerade nicht im einseitigen Ausforschen einer Lebensgeschichte, sondern in wechselseitigen Identitätsattributionen (vgl. Petzold 1999).

Wir haben es bei biografischen Sachverhalten nur in Ausnahmefällen mit realer Historie oder „historischer Wahrheit" zu tun. Man hat es also weniger mit einer *Rehistorisierung* (vgl. Jantzen/Lanwer-Koeppelin 1996), sondern eher mit einer beständigen *Reinterpretation* der Lebensgeschichte, und daher mit einer narrativen bzw. einer erzählten subjektiven Wahrheit zu tun. Neben der narrativen Wahrheit gibt es zwar auch einige objektive Tatbestände, diese spielen aber bei der biografischen Narration eindeutig eine untergeordnete Rolle. Biografiearbeit hat also nicht nur eine historisch-rekonstruktive, sondern auch eine auf die Gegenwart und Zukunft gerichtete *konstruktive* Komponente (vgl. Opitz 1998).

Ähnliche Überlegungen finden sich auch bei Hilarion Petzold, der seit Jahrzehnten Psychotherapie und Biografiearbeit verknüpft, und damit insbesondere bei traumatisierten Patienten beeindruckende Erfolge erzielt. Ausgehend von der psychotherapeutischen Erfahrung, dass das Aufdecken belastender Erfahrungen keineswegs immer gut ist (zumindest bei Traumapatienten nicht), empfiehlt Petzold, die alten Geschichten auch einmal ruhen zu lassen und eine neue Geschichte zu machen. Biografiearbeit ist also nach seiner Auffassung nicht nur *historisch rekonstruktiv*, sondern auch aktual und prospektiv, also *konstruktiv* zu sehen. „*Wir entwickeln mit den Menschen eine neue Geschichte.* Wenn wir dabei an alte, *gute* Geschichten anknüpfen können, ist das sehr hilfreich und wenn wir *schlechte* Geschichten aufnehmen müssen, weil sie uns präsentiert werden, dann *nehmen wir sie an*, aber wir graben nicht nach Traumata. Wenn wir auf schlimme Geschichten stoßen oder auf Traumata, können wir diese empathisch wahrnehmen und dem Klienten vermitteln, für ihn ein ‚significant caring other' – ein sorgender mitfühlender Mitmensch – zu sein, denn dann werden wir zu einem ‚protektiven Faktor'. Außerdem kann es für den Klienten sehr hilfreich sein, wenn wir mit ihm ‚alternative Erfahrungen' zu schaffen suchen." (1999, 56) Diese Form der *prospektiven* Biografiearbeit empfiehlt sich unseres Erachtens vor allem bei enthospitalisierten Menschen mit geistiger Behinderung, bei denen sich die Spuren ihres Lebens in den depersonalisierenden Lebensbedingungen psychiatrischer Langzeitbereiche verlieren (vgl. Kap. 5).

Biografiearbeit verlangt also von den Moderatorinnen Informiertheit, Aufmerksamkeit und Takt. Sie müssen sich außerdem auf das wechselseitige Spannungsgefüge von *rekonstruktiver* und *konstruktiver*, sowie von *retrospektiver* und *prospektiver* Biografiearbeit einlassen können. Dabei ist entscheidend, dass Erzählende und Zuhörende eine Art *Arbeitsbündnis* schließen: „Der Hörende muss sich dem Erzählenden mit Fragen nähern, die Interesse an dessen Lebenswirklichkeit ausdrücken. Der Erzählende wiederum ist auch ein Fragender. Seine Fragen machen deutlich, welche Erfahrungen er in seinem Leben gemacht hat, welches Erfahrungswissen er besitzt. Biografisches Arbeiten braucht Neugierhaltungen, mit denen versucht wird, vorsichtig akzeptierend vorzudringen in die unterschiedlichen Lebensfelder und Erfahrungsschichten von Menschen. Sie nimmt zur Kenntnis, dass das Individuum eingebettet ist in unterschiedliche Lebensgeschichten. Sie will aus der Perspektive des Erzählenden wahrnehmen und gleichzeitig neue Perspektiven dadurch eröffnen, dass der je eigene Blickwinkel der Hörenden eingebracht wird." (Ruhe 2003, 12)

Die Ausgangslage der Biografiearbeit mit geistig behinderten Menschen

In der Praxis der Geistigbehindertenhilfe wird die Wahrnehmung und Würdigung der Lebensgeschichte, obwohl sie bereits intensiver reflektiert worden ist (vgl. z.B. Schuchardt 1987; Fischer 1988, 1992; Fritsche/Störmer 1988, Preuss/Spann 1990; Bruckmüller 1992, 1999; Buschmann 1992, Hermann 1992; Ern 1993, 1994; Häni/Furrer 1994; Dittli/Furrer 1994; Bertling/Schwab 1995; Huber 1995; Fröhlich 1995; Bleeksma 1998; Theunissen 2002), nach wie vor häufig vernachlässigt.

Gemessen an dem, was bisher über die Lebensgeschichte und ihre Bedeutung für die Entfaltung *biografischer Kompetenz* gesagt wurde, lässt sich über die Lebenssituation vieler Menschen mit geistiger Behinderung leider wenig Positives berichten. Dies gilt insbesondere für Menschen mit geistiger Behinderung, die ihr Leben in Institutionen der Behindertenhilfe verbringen müssen. „Sie haben alle eine Akte, aber keine Geschichte!" (1988) schreiben Störmer und Fritsche provokativ in einem der wenigen Themenhefte sonderpädagogischer Fachzeitschriften, die sich bisher der Lebensgeschichte geistig behinderter Menschen zugewandt haben. Ern hat die organisatorischen Hindernisse, die dem lebensgeschichtlich orientierten Lernen erwachsener und alter Menschen mit geistiger Behinderung entgegenstehen können, im Folgenden zusammengefasst: „In der Praxis führen Arbeitsbelastung und geringe Personalbesetzung dazu, dass sich die Betreuer nur selten der Vergangenheit ihrer Bewohner bewusst zuwenden können. An Dokumentation der Vergangenheit steht einem Mitarbeiter bei der Arbeit in der Wohngruppe nur wenig Schriftliches zur Verfügung: die Akte mit Anamnese, viel Medizinischem, mit festgehaltenen Auffälligkeiten und – wenn sie vorausschauend geführt worden ist – mit Schlüsselstellen im Lebenslauf. Je älter die Bewohner sind, desto mehr verlieren sich die Spuren ihrer Herkunftsgeschichte aus der Sicht neuer Mitarbeiter. Die Mitarbeiterfluktuation ist der Bewahrung der Vergangenheit nicht gerade dienlich. Erst bei einer gewissen Interaktionskonstanz wächst auch die Motivation der Mitarbeiter, sich mit den Persönlichkeiten und deren in der Herkunft und Vergangenheit liegenden Wurzeln zu beschäftigen" (1993, 221).

Als weiteres Hindernis für die Ausbildung biografischer Kompetenz kann neben angeführten Gründen auch das *gruppenbezogene* Wohnen von Menschen mit geistiger Behinderung in Heimen oder anderen Institutionen der Behindertenhilfe angeführt werden. Störmer und Fritsche kritisieren zu Recht, „dass das Phänomen ‚Gruppe' durch Konzeptionen dermaßen abgesichert wird, dass der einzelne mit seiner individuellen Lebensgeschichte keinen Raum mehr im Konzept hat. Ob die immer wieder zu beobachtende Vorrangigkeit der Gruppe vor dem einzelnen einen ideologischen oder lediglich pragmatischen Hintergrund hat, sei dahingestellt. Unseres Erachtens liegen hier die Hauptschwierigkeiten, wenn man versucht, [lebensgeschichtlich, d.Verf.] orientierte Konzepte zu erarbeiten" (1988, 10). Die Ergebnisse der bundesweit durchgeführten Studie „Leben im Heim" (vgl. Wacker u.a.1998), bestätigen indirekt diese Kritik an der Institutionenbiografie. Demnach wird die *zeitliche Gestaltung des Tages* in beinahe zwei Dritteln der Behindertenheime entweder ausschließlich oder überwiegend vom Personal bzw. von der Verwaltung bestimmt. Wie die Tübinger Forschungsgruppe betont, stehen diese übergreifenden Regelungen der täglichen Zeitstrukturierung vorrangig in Zusammenhang mit organisatorischen Erfordernissen, denn sie begründen sich nach Auskunft der Einrichtungen aus dem Dienstplan der Gruppenbetreuer und den von ihnen in einem bestimmten Zeitraum zu leistenden Aufgaben. Darüber hinaus spielen gemeinschaftsbezogene Gründe wie das Gewährleisten der Nachtruhe sowie spezifische Einschränkungen von Bewohnerinnen eine Rolle. Das abschließende Urteil der Tübinger Forschungsgruppe lautet daher: „Auch wenn in vielen Heimen Bereitschaft besteht, individuelle zeitliche Arrangements vor allem in Bezug auf Ausgangs- und Ruhezeiten zu treffen, sehen sich die Bewohnerinnen und Bewohner grundsätzlich in einen zeitlichen Rhythmus eingebunden, der wenig Spielraum für eigene Aktivitäten und Selbstgestaltung lässt" (1998, 311).

Die Beschäftigung mit den Möglichkeiten der Biografiearbeit mit geistig behinderten Menschen macht daher wie kaum eine andere Thematik schmerzlich bewusst, dass diese Menschen durch die von uns geschaffenen Lebensbedingungen – in unterschiedlichem Ausmaß – an der Ausbildung einer biografischen Kompetenz gehindert werden. Zwar hat das Normalisierungsprinzip eine annäherungsweise Anpassung an das von außen vorgegebene „Lebenslaufdiktat" erbracht; die Ausbildung einer biografischen Selbstvergewisserung im Sinne einer individuellen Sinnfindung scheint aber insbesondere für Menschen, die in Institutionen der Behindertenhilfe leben, mit einem großen Fragezeichen versehen zu sein.

Diese Befunde zeigen, dass wir in Zukunft an einer lebenslauf- und lebensgeschichtlich orientierten Geistigbehindertenpädagogik arbeiten müssen, und nicht weiter – so wie bisher –

eine „Lebensabschnittspädagogik“ kultivieren sollten. Man kann deshalb Ackermann nur zustimmen, wenn er schreibt: „Wenn man das Alter isoliert untersucht, so wird man kaum zu pädagogisch brauchbaren Ergebnissen gelangen können. Erst wenn man das Alter als Altwerden, also als einen Prozess sieht, der eine Vorgeschichte hat und ein Ende haben wird, [...] können jene Lebensprobleme sichtbar werden“ (1998, S. 337), nach denen eine biografisch orientierte Geistigbehindertenpädagogik zu fragen hat.

Soll das Alter nicht länger als ein von davor liegenden Lebensphasen gelöster Zeitraum mit eigenen Gesetzmäßigkeiten betrachtet werden, dann muss die Kultivierung von Erinnerungen und sinnvollen Zukunftsperspektiven in allen Phasen des Lebenslaufs und der biografischen Entwicklung zu einer vordringlichen pädagogischen Aufgabe einer lebensweltorientierten und erfahrungsbezogenen Altersbildung werden. Als konkrete Aufgabenstellungen drängen sich dabei u.a. auf (vgl. z.B. Fischer 1988; Ern 1993; Bertling/Schwab 1995; Eymann 1999):

- das Präsenthalten bedeutungsvoll gewordener Lebensereignisse (Feste, Urlaube usw.);
- das Setzen verbaler und anschaulich-konkreter Erinnerungsimpulse;
- die unmittelbare Begegnung mit biografisch relevanten Aufenthaltsstätten und Lebensorten (z.B. auch über die Medien „Film“ und „Foto“);
- das Sammeln und Aufbewahren bedeutungsvoller „Sachen“ (Fotos, Schallplatten und Musikkassetten, Souvenirs, Zeugnisse eigenen Schaffens usw.);
- die Unterstützung bei der Aufrechterhaltung bedeutungsvoll gewordener sozialer Beziehungen und Unterstützung bei der Schaffung neuer Beziehungen;
- die Schaffung von Zukunftsperspektiven durch die Suche nach Aktivitäten, die als relevant erfahren werden und die eine Kontinuität des Erlebens von Vergangenheit, Gegenwart und Zukunft ermöglichen.

Da wir es für die künftige Arbeit mit Kindern, Jugendlichen und jungen Erwachsenen mit geistiger Behinderung für unerlässlich halten, die Bedeutung der Biografie in der pädagogischen Arbeit stärker zu berücksichtigen, sehen wir hierin auch eine neue Herausforderung für die Professionalisierung in der Geistigbehindertenpädagogik. Mit der nun folgenden Darstellung praktischer Erfahrungen leistet dieses Buch hierzu einen ersten Beitrag.

2. Biografische Gruppenarbeit in Erwachsenenbildungskursen[3]

Die Auseinandersetzung mit der eigenen Lebensgeschichte ist vielen geistig behinderten Menschen zunächst eher fremd. Häufig hat sich bisher niemand für ihre Vergangenheit interessiert oder sie dabei unterstützt, ihr Leben in greifbarer Form erinnerbar zu erhalten. Daher fällt es geistig behinderten Menschen oft schwer, sich an Ereignisse und Geschichten aus ihrem vergangenen Leben zu erinnern. Ein Kurs, in dem biografisch gearbeitet wird, bietet eine gute Möglichkeit, sich das erste Mal gezielt mit der eigenen Lebensgeschichte auseinander zu setzen.

Der eher offene Rahmen einer Gruppe scheint hierzu besonders gut geeignet. Der Einzelne muss sich in der Gruppe meist nicht so weit öffnen wie im wesentlich intimeren Rahmen der Einzelarbeit. So fällt es leichter, von sich und seiner Vergangenheit zu berichten. In der Zusammenarbeit mit anderen lässt sich durch verschiedene Methoden die Auseinandersetzung mit der eigenen Vergangenheit einüben. Hier können erste Erinnerungsimpulse gegeben, freieres Reden vor anderen eingeübt und erste, grundlegende Daten und Lebensereignisse in eine greifbare Form gebracht werden.

Biografisches Arbeiten ist prozesshaftes Arbeiten, d.h. es findet eine allmähliche Entwicklung statt. Beim Biografischen Arbeiten in einer Gruppe empfiehlt es sich daher, mit denselben Personen über einen längeren Zeitraum hinweg regelmäßig zusammenzukommen. Durch kontinuierliche Zusammenarbeit steigt das Vertrauen der Kursteilnehmer in die Gruppe, es fällt leichter, sich mit seiner Persönlichkeit und Geschichte einzubringen, und es entsteht so die Möglichkeit, tiefergehen-

3 Unter Mitarbeit von Daniel Gruber und Petra Schürmann.

de Erfahrungen zu machen (vgl. Gudjons/Pieper/Wagener 1999).

Biografische Gruppenarbeit kann sowohl mit einer bereits bestehenden Gruppe (z.B. einer Seniorengruppe) als auch im Rahmen eines Erwachsenenbildungskurses stattfinden.

Vorbereitungen bei bestehenden Gruppen

Biografiearbeit kann in bereits bestehenden Gruppen sehr gut umgesetzt werden (Böhm 1998). Den Leitungen solcher Gruppen sind oft Interessen und Neigungen der Gruppenmitglieder bekannt, so dass gut eingeschätzt werden kann, ob biografisch orientierte Arbeit sinnvoll und möglich ist.

Da sich die Personen in einer bestehenden Gruppe bereits kennen, hat sich zumeist ein vertrautes Miteinander entwickelt, wodurch es leichter fällt, auch Persönliches in diesem Rahmen zu äußern. Außerdem sind in bestehenden Gruppen häufig schon Regeln des Umgangs miteinander bekannt und akzeptiert. Meist ist auch schon ein geeigneter Raum für die Arbeit in einer Gruppe vorhanden.

Biografiearbeit kann in solchen Gruppen in Form eines Projekts stattfinden, das mehrere Treffen in Anspruch nimmt. Es ist jedoch auch möglich, immer wieder einmal einzelne Treffen mit biografischen Inhalten zu gestalten.

Die Gruppenmitglieder spricht man bezüglich eines solchen Vorhabens am besten direkt an. Dabei sollte deutlich werden, dass die Lebensgeschichte der einzelnen Teilnehmer im Mittelpunkt des gemeinsamen Handelns stehen soll. Es ist zu erwarten, dass die meisten mit den abstrakten Begriffen „Biografiearbeit“ oder „Lebensgeschichte“ wenig anfangen können. Daher ist eine anschauliche Darstellung des gemeinsamen Vorhabens sinnvoll. Dies gelingt am besten über konkrete Beispiele, wie z.B. das Anschauen eines Fotoalbums oder von Erinnerungsstücken mit dem Erzählen der dazugehörigen Geschichten.

Bei diesem ersten Gespräch sollte auch deutlich werden, dass die Teilnahme an dieser Arbeit freiwillig ist. Jeder darf etwas sagen, aber niemand muss dies tun. Zu berücksichtigen ist hierbei auch immer die mögliche Einflussnahme durch andere Gruppenmitglieder, der entgegengewirkt werden sollte. Einen Gruppenzwang darf es nicht geben.

Will ein Gruppenmitglied nicht an der Biografiearbeit teilnehmen, so sollte diesem zu diesen Zeiten eine alternative Beschäftigungsmöglichkeit angeboten werden.

Bei Ablehnung durch einen Großteil der Gruppe mag es sinnvoll sein, über eine Kleingruppen- oder Einzelarbeit mit den interessierten Gruppenmitgliedern nachzudenken und diese außerhalb des Rahmens der gegebenen Gruppe zu planen.

Da bestehende Gruppen sich meist kontinuierlich auf unbestimmte Zeit treffen, können die Gruppenmitglieder in die konkrete Planung des biografischen Arbeitens intensiv mit eingebunden werden. So können Inhalte, Methoden und Zeiträume nach genauer Erklärung gemeinsam ausgewählt und festgelegt werden.

Auch sollte die Möglichkeit angesprochen werden, die Gruppe für Außenstehende zu öffnen, und sei es nur für einzelne Termine. Die Durchführung eines solchen offenen Treffens sollte gemeinsam beschlossen und geplant werden. So kann man, z.B. im Rahmen eines biografischen Abends, die Ergebnisse der gemeinsamen Arbeit nahestehenden Personen vorstellen. Oder es können zu bestimmten Themen Gäste (z.B. Angehörige, Zeitzeugen, u.a.) eingeladen werden, die mit ihren Lebenserfahrungen möglicherweise neue Denkanstöße oder Ergänzungen zu den Erinnerungen der Teilnehmer liefern.

Vorbereitung auf einen Kurs

Die Ansprache der Kursteilnehmer erfolgt üblicherweise durch eine Ausschreibung der Veranstaltung. Aus dieser muss deutlich hervorgehen, was Inhalt der Veranstaltung ist und welche Rahmenbedingungen der Kurs hat. Dies muss daher vor der Ausschreibung bereits geklärt sein.

Inhaltliche Vorbereitungen

Biografiearbeit kann auf verschiedene Weise geschehen – es kann chronologisch vorgegangen werden, so dass der gesamte Lebensverlauf thematisiert werden kann. Es ist aber auch möglich, sich auf bestimmte Zeiträume zu beschränken und die Geschehnisse innerhalb einer Epoche oder eines Jahrzehnts zum Inhalt der Erinnerungsarbeit zu machen (z.B. das Leben im Krieg, die 1960er-Jahre usw.). Darüber hinaus kann die gemeinsame Arbeit auch anhand von Themenblöcken (z.B. Familie, Arbeit, Kindheit, Wohnen usw.) gestaltet werden.

Je nach inhaltlicher Orientierung unterscheidet sich u.U. die Zielgruppe der gemeinsamen Arbeit. Stehen beispielsweise bestimmte zeitgeschichtliche Epochen im Vordergrund, so können nur Personen teilnehmen, welche diese Phasen selbst erlebt haben. Hier ist es notwendig, in der Ausschreibung diejenige Altersgruppe anzugeben, welcher die Teilnehmerinnen angehören sollten (z.B. Personen ab 60 Jahren).

Bei der Thematisierung des gesamten Lebensverlaufs kann sowohl eine altershomogene als auch eine altersheterogene Zusammensetzung gewinnbringend sein.

Beim Aufbau eines Kurses anhand von Themenblöcken bietet es sich in jedem Fall an, verschiedene Generationen als Teilnehmer des Kurses anzusprechen. Zu den einzelnen Themenblöcken hat meist jeder Teilnehmer Erinnerungen, egal welchen Alters er ist. Auf diese Weise ist es gut möglich, Vergleiche zwischen dem Leben der unterschiedlichen Generationen herzustellen und so ein Verständnis füreinander zu entwickeln.

Die Ausschreibung des Kurses sollte deutlich machen, welche Inhalte die gemeinsame Arbeit haben soll. Es muss deutlich aus ihr hervorgehen, an wen sich dieses Angebot wendet.

Organisatorische Vorbereitungen

Auch die organisatorischen Rahmenbedingungen eines Kurses sind vor der Ausschreibung zu klären. Hierbei müssen eventuelle Vorgaben durch den Träger der Veranstaltung (z.B. eine Einrichtung der Behindertenhilfe oder ein Träger der Erwachsenenbildung) berücksichtigt werden. Auch können finanzielle Aspekte (z.B. Kursgebühr, Honorare, Unterbringungskosten) Einfluss auf den Rahmen der Veranstaltung nehmen. Zu klären sind:

Anzahl der Treffen
Die Arbeit mit und an der eigenen Biografie kann sehr anstrengend sein. Deshalb legt die Kursleitung zu Beginn einen klaren Zeitrahmen fest. So können die Interessenten absehen, wie lange die Zusammenarbeit dauern wird.

Grundsätzlich kann hier zwischen einer Blockveranstaltung z.B. in Form eines Wochenendseminars, und einem Kurs, der sich in regelmäßigen Abständen zusammenfindet, unterschieden werden. Sind mehrere Kurstreffen geplant, ist sowohl aus finanziellen und organisatorischen als auch aus inhaltlichen Gründen im voraus die Begrenzung auf acht bis zehn Termine sinnvoll.

Zeitpunkt und Dauer der Treffen
Hier ist festzulegen, wann die gemeinsamen Treffen stattfinden und wie lange diese dauern sollen. Je länger der geplante Zeitrahmen eines Treffens, desto großzügiger sollten Pausen berücksichtigt werden. Unserer Erfahrung nach sollten bei einem Kurs die einzelnen Sitzungen zwischen anderthalb und maximal zweieinhalb Stunden dauern.

Bei einem Blockseminar sollte man pro Tagesabschnitt (Vormittag/Nachmittag) ca. vier Einheiten von je 45 Minuten einplanen. Am ersten Tag ist ausreichend Zeit für die Ankunft und das „Sich-Einfinden" in die neue Umgebung zu berücksichtigen. Am letzten Tag sollte Zeit für einen stimmungsvollen Ausklang eingeräumt werden. Es empfiehlt sich eine kleine Abschiedsfeier.

Veranstaltungsort
Es ist vor allem darauf zu achten, dass der Veranstaltungsort geeignete Räumlichkeiten bietet. Die Arbeit im Plenum (z.B. in einem Stuhlkreis) und in Kleingruppen sollte ohne Probleme möglich sein; auf eine ungestörte Arbeitsatmosphäre ist zu achten. Auch die technische Ausstattung des Veranstaltungsorts sollte im Vorhinein abgeklärt sein, um ggf. fehlende Medien anderweitig beschaffen zu können.

Bei Kursen mit behinderten Menschen sollten die Räumlichkeiten generell barrierefrei sein. Sind diese z.B. nicht rollstuhlgeeignet, muss dies deutlich in der Ausschreibung stehen. Dieser Punkt ist vor allem bei Blockseminaren zu beachten, die mit einer Übernachtung verbunden sind.

Ist eine Anfahrt zum Veranstaltungsort nötig, sollte die Kursleitung im Vorfeld die Anfahrtsmöglichkeiten prüfen und in der Ausschreibung darüber informieren.

Teilnehmerzahl

Generell sollte ein Biografiekurs für geistig behinderte Teilnehmerinnen nicht von einer Person allein geleitet werden. Ein Team kann besser auf schwierige Situationen, z.B. weil belastende Erinnerungen eine intensivere Auseinandersetzung mit einem Kursteilnehmer notwendig machen, eingehen. Ein Moderatorenteam ermöglicht außerdem eine bessere Begleitung der Kleingruppenarbeit.

Die maximale Teilnehmerzahl orientiert sich sinnvollerweise an der Zahl der Moderatorinnen. Dabei ist selbstverständlich der Unterstützungsbedarf der Teilnehmer zu berücksichtigen. In der Ausschreibung sollte daher deutlich gemacht werden, welche Unterstützungsmöglichkeiten bestehen.

Um intensive Kleingruppenarbeit zu ermöglichen, sollte jede Gruppe von einem Moderator begleitet werden. Eine Kleingruppe sollte sich aus maximal vier Personen zusammensetzen. Ist ein höheres Maß an Unterstützung nötig, zum Beispiel wegen motorischer Schwierigkeiten von Teilnehmern, sollten die Kleingruppen noch intensiver begleitet werden. Auch die Bereitstellung von Hilfsmitteln kann notwendig werden.

> *Beispiel:*
> Bei einem der ersten Kurstreffen wollten wir gemeinsam mit den Teilnehmern ein Arbeitsblatt zur eigenen Person ausfüllen. Deshalb erkundigten wir uns nach Schreib- und Lesefähigkeiten der Teilnehmer. Herr W. sagte uns, dass er wohl lesen könne, dass ihm aber aufgrund seiner motorischen Beeinträchtigung das Schreiben von Hand nicht möglich sei. Gleichzeitig äußerte er auch den Wunsch nach Selbsttätigkeit, d.h. die Moderatorinnen sollten nicht ein-

fach für ihn das Schreiben übernehmen. Deshalb bekam Herr W. eine Schreibmaschine zur Verfügung gestellt. Die Moderatorin half ihm zwar noch beim Einspannen des Arbeitsblatts und beim Einstellen der Zeilenabstände. Das Arbeitsblatt füllte Herr W. aber selbstständig aus und zeigte sich zufrieden mit dem Ergebnis seiner Arbeit.

Um eine fruchtbare Zusammenarbeit zu ermöglichen, sollte der Kurs insgesamt möglichst nicht mehr als zwölf Teilnehmerinnen umfassen.

Kosten

Neben Kursgebühren und eventuellen Unterbringungskosten entstehen beim biografischen Arbeiten durch die Verwendung verschiedener Materialien (z.B. Bastelmaterialien) weitere Kosten, für welche die Kursteilnehmer aufkommen müssen. Diese Kosten müssen in der Ausschreibung zumindest in ihrer ungefähren Höhe angegeben sein. So weiß jeder Teilnehmer, auf welche Gesamtkosten er sich einstellen muss.

Da sich ein Kurs zur Biografiearbeit nur schwer im Voraus vollständig planen lässt, sind genaue Angaben nicht einfach. Es ist daher sinnvoll, nicht zu eng zu kalkulieren. Eine Rückzahlung zuviel gezahlter Beiträge gestaltet sich oft leichter, als eine eventuell nötige Nachforderung.

Ausschreibung und Anmeldung

Nachdem diese Rahmenbedingungen geklärt sind, kann die Ausschreibung des Kurses erfolgen. Dies kann in reiner Textform (z.B. für ein Programmheft) oder in Form eines Plakats geschehen, welches an dafür geeigneten Orten ausgehängt wird (vgl. Abb. 1).

Die Ausschreibung sollte klare Angaben darüber enthalten, was in dem Kurs angeboten und was erwartet wird. Sie ist die Grundlage, auf der sich geistig behinderte Menschen für oder gegen die Teilnahme an dem Angebot entscheiden. Eine gute Ausschreibung gewährleistet, dass alle Teilnehmenden am Thema interessiert und bereit sind, sich einzubringen.

Daher sollte die Ausschreibung in Form, Inhalt und Sprache leicht verständlich und ansprechend sein. Der Einsatz von Bildern und Grafiken ist hierbei zu empfehlen.

Es sollte auch deutlich werden, wie und bei wem die Anmeldung erfolgt. Sinnvoll ist auch eine Angabe darüber, bis wann eine Anmeldebestätigung erfolgt.

Abb. 1: Ausschreibung für einen Kurs

Sind die Anmeldungen erfolgt, sollte es eine persönliche Anmeldebestätigung der Kursleitung an die Teilnehmer geben. Sie sollte für die Anmeldung und das Interesse für die Veranstaltung danken und deutlich machen, dass man sich auf die gemeinsame Zusammenarbeit freut. Außerdem kann hierbei zu einem eventuell stattfindenden Vortreffen eingeladen werden.

Vortreffen

Ein Vortreffen ist generell empfehlenswert, besonders bei Blockveranstaltungen. Bei diesem Vortreffen kann nochmals auf Inhalt, Dauer und Art der Arbeit ausführlich eingegangen werden. Die Kursleitung kann sich ein Bild von der Gruppe machen und im Gegenzug erhalten die Teilnehmerinnen Gewissheit über das, was sie erwartet.

Sicherlich werden die behinderten Menschen auch Ängste und Hemmungen mit in das Vortreffen bringen. Viele scheuen sich, vor einer Gruppe zu sprechen und auch die Arbeit mit der eigenen Biografie ist ungewohnt. Die Kursleitung fängt solche Ängste auf, indem sie von Anfang an deutlich macht, dass innerhalb des Kurses das Gebot der Freiwilligkeit gilt. Jeder darf etwas sagen, aber niemand muss das tun. Außerdem soll für die Teilnehmer deutlich werden, dass es beim Umgang mit ihren Lebenserinnerungen nicht darum geht herauszufinden, was damals wirklich geschah. Bei biografischen Aussagen gibt es kein „richtig" oder „falsch". Es zählt die subjektive Empfindung des einzelnen behinderten Menschen. Diese Herangehensweise trägt viel dazu bei, dass er einen Gewinn aus der Arbeit mit seinen Erinnerungen zieht.

Während des Vortreffens sind auch grundlegende organisatorische Dinge zu klären. Darunter fallen Fragen der An- und Abreise, Unkostenbeiträge für Materialien und/oder Verpflegung sowie alle Informationen bezüglich der Unterbringung bei geplanten Übernachtungen. Bei Blockveranstaltungen besteht meist nur hier die Möglichkeit, die Teilnehmer dazu anzuregen, persönliche Erinnerungsstücke mitzubringen.

Es empfiehlt sich, den Teilnehmerinnen Merkzettel auszuhändigen, auf denen die wichtigsten Dinge in einfacher Sprache stehen.

Vor allem bei regelmäßigen Kursen ist ein Vortreffen oft nicht möglich oder eingeplant. Hier sind all diese Dinge in der ersten Sitzung zu klären.

Das erste Treffen

Das erste Treffen der Gruppe hat im Wesentlichen vier Funktionen:

- Vorstellung und gegenseitiges Kennenlernen,
- Klärung organisatorischer und gruppenbezogener Fragen,
- Übersicht über den Seminarablauf,
- Einstieg in die Biografiearbeit.

Vorstellung und gegenseitiges Kennenlernen

In der Regel kennen sich Moderatoren und Teilnehmer, sowie die Teilnehmer untereinander nicht oder nur teilweise. Das erste gemeinsame Treffen dient deshalb vor allem dem gegenseitigen Kennenlernen. Wenn es ein Vortreffen gab, sind sich zwar alle schon einmal begegnet, aber ein genaueres Kennenlernen findet erst während der ersten Sitzung statt. Dieses Treffen legt den Grundstein für die weitere Zusammenarbeit der Gruppe. Deshalb sollte ein besonderes Augenmerk auf der Gestaltung der Atmosphäre liegen. Ruhige Musik, ansprechende Dekoration und eine Sitzordnung, die jedem Teilnehmenden den „face-to-face"-Kontakt mit den übrigen Gruppenmitgliedern ermöglicht, tragen wesentlich zu einer entspannten und positiven Stimmung bei.

Zum gegenseitigen Kennenlernen gibt es verschiedene Methoden. Zum einen gibt es die klassische Vorstellrunde, d.h. jeder Teilnehmer stellt sich selbst kurz vor (⇨ M 17). Zum anderen gibt es spielerische Methoden, bei denen man in Kontakt zu den übrigen Gruppenmitgliedern kommt. Empfehlenswert ist es, beide Varianten zu benutzen, um sich einerseits mit den Namen vertraut zu machen und um andererseits durch ein gemeinsames Spiel eine lockere Atmosphäre zu schaffen.

Dabei ist auch die Form der Anrede zu klären. Es ist selbstverständlich, dass alle Teilnehmer gesiezt werden. Da persönliche Nähe eine Grundlage der Biografiearbeit darstellt, wäre es auch möglich, als Anrede das „Sie" und den Vornamen zu verwenden. Auf diese Weise werden die geistig behinderten Menschen als Erwachsene respektiert und gleichzeitig gestaltet sich das Gespräch etwas weniger förmlich. Eine solche Vereinbarung kann nur mit Zustimmung aller Teilnehmerinnen getroffen werden und sollte auch für die Kursleitung gelten.

Fragen der Zusammenarbeit innerhalb der Gruppe

Um innerhalb der Gruppe eine gute Zusammenarbeit zu ermöglichen und Störungen so gering wie möglich zu halten, sollten einige Dinge beachtet und während des ersten Treffens vereinbart werden.

Die einzelnen Mitglieder sollten sich als Teil einer Gruppe verstehen. Deshalb ist es sinnvoll, gemeinsam mit den geistig behinderten Teilnehmern einige Gruppenregeln zu erarbeiten. Solche Regeln wären etwa:

- Verschwiegenheit – Was in der Gruppe erzählt wird, darf von keinem nach außen weitergetragen werden.
- Ausreden lassen – Niemand darf während seiner Rede unterbrochen werden.
- Jeder darf etwas sagen; alles ist wichtig.
- Freiwilligkeit – Niemand muss etwas sagen.

Abb. 2: Gruppenregeln

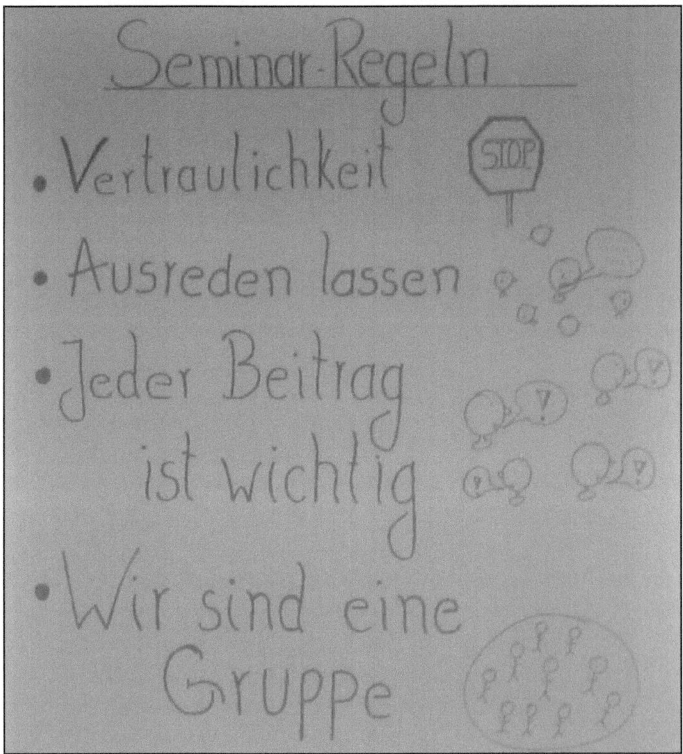

Üblicherweise wird es so sein, dass die Moderatoren solche Regeln benennen und deren Sinn erläutern. Dabei ist es wichtig, dass sie von den geistig behinderten Teilnehmern verstanden wurden und dass alle den Regeln zustimmen. Bei Verstößen gegen eine der Regeln können die Moderatoren dann stets auf die getroffene Vereinbarung verweisen. Deshalb ist es sinnvoll, die erarbeiteten Gruppenregeln auf einen Plakat festzuhalten und gut sichtbar im Gruppenraum aufzuhängen. Für die Teilnehmerinnen bietet das Plakat im Gegenzug Rückendeckung, denn sie können sich immer wieder auf ihre Rechte (zum Beispiel Freiwilligkeit) berufen. Auch bei den Gruppenregeln ist auf eine Veranschaulichung in einfacher Sprache zu achten.

Übersicht über den Kursverlauf

Nach Klärung der grundsätzlichen Dinge ist es an der Zeit, auf den Ablauf des Seminars einzugehen. Unseres Erachtens hat es wenig Sinn, die Treffen alle im Voraus zu planen. Diese Planung wird keinen Bestand haben, da es immer wieder zu zeitlichen Verschiebungen kommen wird. Aber eine Übersicht über die geplanten Inhalte und die Arbeitsweise macht allen Beteiligten deutlich, wie sich der weitere Kurs gestalten wird. Dazu ist es am besten, wenn man die Inhalte bildlich verdeutlicht, als Erinnerungshilfe im Raum aufhängt und bei jedem Treffen kennzeichnet, wo man sich gerade befindet.

Abb. 3: Darstellung einer thematischen Übersicht

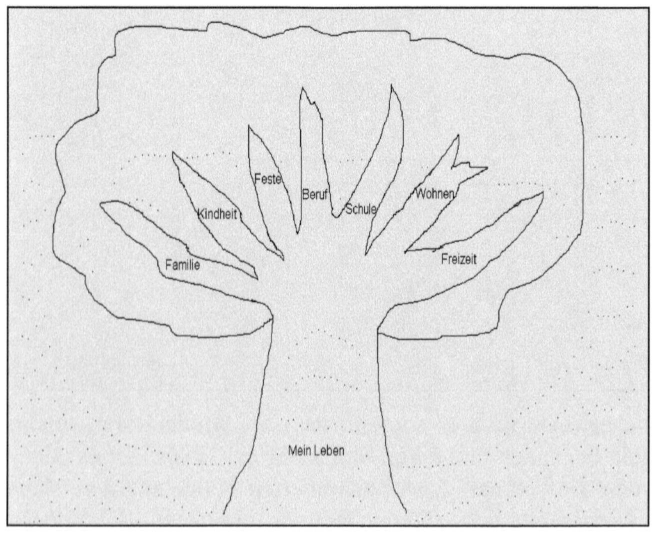

Natürlich darf es keine starre und festgelegte Planung geben; es muss stets Freiraum für Ideen und Wünsche der Teilnehmer geben.

Wie im Abschnitt „Vorbereitung“ erwähnt, kann ein Seminar zur Biografiearbeit unterschiedlich aufgebaut sein. Am sinnvollsten erscheint uns der Aufbau nach Themenblöcken (wie Kindheit, Wohnen, Hobbys usw.) (vgl. Abb. 3). Die Themenblöcke ermöglichen eine hohe Flexibilität hinsichtlich der Planung, lassen den Einsatz vieler unterschiedlicher Methoden zu und ermöglichen leicht einen Vergleich der Gegenwart mit der Vergangenheit.

Einstieg in die biografisch orientierte Gruppenarbeit

Nachdem alle anderen Fragen geklärt sind, sollte während des ersten Treffens auch ein Einstieg in die biografische Arbeit erfolgen, damit den geistig behinderten Menschen von Beginn an klar ist, um was es gehen soll. Zwar gab es eine Ausschreibung mit Erläuterung der Thematik und vielleicht sogar ein Vortreffen, aber erst das „Selbermachen“ macht wirklich deutlich, was der Kursinhalt ist.

Empfehlenswert ist ein spielerischer Einstieg in die Thematik. So lernt sich die Gruppe besser kennen und mögliche Kommunikationsängste der geistig behinderten Menschen werden abgebaut oder entstehen erst gar nicht. Es kann allerdings sein, dass einzelne Gruppenmitglieder nichts spielen möchten, weil sie das kindisch finden. In diesem Fall sollte man versuchen klarzumachen, dass es auch Spiele für Erwachsene gibt und dass „Spielen“ auch noch einem Erwachsenen Spaß machen kann. Bleiben die geistig behinderten Personen auch nach solch einer Ermutigung bei ihrer Weigerung, so muss man dies akzeptieren und entweder eine andere Methode wählen oder Kleingruppen bilden, in denen jeweils etwas anderes gemacht wird.

Diese Art des Einstiegs in die Thematik Biografiearbeit ermöglicht es den geistig behinderten Teilnehmern, mit dem Kursinhalt vertraut zu werden, ohne dass die Moderatorinnen ausführliche „theoretische“ Erklärungen voranstellen müssen. Trotzdem ist es empfehlenswert, im Anschluss an die Einstiegssequenz noch einmal deutlich zu machen, worum es bei den gemeinsamen Treffen gehen soll.

Die weiteren Treffen

Für die weiteren Treffen ist es sinnvoll, sich ein Grundgerüst über den Ablauf zu erstellen. Wie ein solches aussehen könnte, hängt auch von der Gruppengröße und der Dauer der Treffen ab. In der Planung sollten verschiedene Sequenzen enthalten sein wie

- Begrüßung,
- Einstieg in die gemeinsame Arbeit,
- Einstieg in das biografische Thema,
- Hauptarbeitsphase,
- Ausklang der gemeinsamen Arbeit,
- Verabschiedung und Ausblick.

Ein geregelter Ablauf gibt den Teilnehmern Sicherheit darüber, was sie erwartet. Zwischendurch müssen auch Pausen eingeplant werden. Unserer Erfahrung nach ist es besser, dann eine Pause zu machen, wenn sich dies aus dem Ablauf heraus anbietet (z.B. wenn eine Methode zu Ende ist) und nicht zu einer bestimmten Uhrzeit. Im Folgenden werden die einzelnen Sequenzen erläutert und durch Beispiele angereichert.

Begrüßung

Jede Sitzung beginnt im Plenum, so dass alle Teilnehmer in der Gruppe „ankommen“ und sich auf die Kurssituation einstellen können. Die Moderatoren haben währenddessen die Gelegenheit, die An- bzw. Abwesenheit der Teilnehmerinnen festzustellen. Sollten organisatorische Dinge zu klären sein, bietet sich die Begrüßungsrunde an, diese anzusprechen.

Die Begrüßungssequenz ermöglicht es der Kursleitung, sich zu Beginn des Treffens ein kurzes Bild über die Stimmung der Gruppe und ihrer einzelnen Mitglieder zu machen. Zum Beispiel kann jeder Teilnehmer reihum die Möglichkeit erhalten, die Gruppe zu begrüßen und sein Befinden zu äußern. Diese Möglichkeit muss freiwillig bleiben. Möchte ein Teilnehmer nicht mitmachen, kommt der nächste an die Reihe. Zur Ermutigung ängstlicher Teilnehmer kann zusätzlich ein „Sprechstein“ eingesetzt werden.

Auch wenn dieser Einstieg in das Treffen noch nichts mit der eigentlichen Biografiearbeit zu tun hat, sollte sich die Gruppe dafür ausreichend Zeit nehmen, denn es ist der weiteren Arbeit dienlich, wenn die Teilnehmer einen entspannten Einstieg in die Sitzung finden.

Zur Hinführung auf die kommende Zusammenarbeit, kann die Moderation einen kurzen Rückblick auf die Arbeit der vergangenen Sitzung geben und gleichzeitig die Arbeitsinhalte für heute vorstellen. Es ist hilfreich, wenn dazu eine bildliche Darstellung benutzt wird (vgl. Abb. 3).

Einstieg in die gemeinsame Arbeit

Nun folgt eine „Aufwärmphase“ für die eigentliche Biografiearbeit, die ebenfalls im Plenum stattfindet. Unserer Erfahrung nach hat es positive Auswirkungen auf die Gruppe, wenn dazu ein festes Ritual eingeführt wird. Natürlich kann man ein solches auch schon während der Begrüßung einbauen. Es gibt den geistig behinderten Menschen Sicherheit, wenn bei jedem Treffen etwas Vertrautes am Anfang steht. Diese Sicherheit ist die Grundvoraussetzung für die weitere Erinnerungsarbeit.

> *Beispiel:*
> Bei einem Kurs in einer WfbM begannen wir ab der zweiten Sitzung die Kurstreffen stets mit der Methode Zeitungsanalyse (⇨ M 26). Dazu haben wir bei der Vorbereitung der Sitzungen jeweils uns interessant erscheinende Artikel aus der regionalen Zeitung ausgewählt und sie in der Gruppe vorgelesen. Durch gezieltes Fragen wurden dann Gespräche zum Thema angestoßen.
> Eigentlich hatten wir diese Methode nur für die 2. Sitzung geplant. Sie erwies sich jedoch als ein so guter „Eisbrecher“, dass wir sie als festes Ritual in unsere Treffen einplanten. Dies gab sowohl den Teilnehmern als auch den Moderatoren ein Stück Vertrautheit.

Hier ein Beispiel aus einer der Sitzungen: Es wurde ein Artikel des Regionalteils aus der Rubrik „Blaulicht“ vorgelesen.
Die Gruppe hörte gespannt zu. In dem Artikel ging es darum, dass ein Mädchen von maskierten Männern ausgeraubt worden war. Nach dem Vorlesen des Artikels fingen viele gleichzeitig an zu reden. Alle waren sich darüber einig, dass es eine große „Schweinerei“ sei, ein 15-jähriges Mädchen zu überfallen, und das auch noch zu fünft.
Die Kursleitung stellte nun die Frage, ob die Teilnehmer auch schon Erfahrungen dieser Art gemacht hätten.
Frau R. erzählte der Gruppe, dass sie schon einmal von einem maskierten Mann bedroht worden wäre. Sie sei im Kaufhaus gewesen, an der Süßigkeitentheke, als plötzlich ein Mann hinter ihr stand. Er hatte ein Messer und immer wieder geschrieen „Ich bring’ Dich um!“. Frau R. erzählte, dass sie große Angst hatte und nur schreien konnte. Es habe ihr zunächst niemand geholfen, einige Umstehende hätten sogar gelacht. Aber endlich habe dann doch eine Verkäuferin die Polizei gerufen, die den Mann später verhaften konnte. Hinterher stellte sich heraus, dass der Mann ein Verkäufer des Kaufhauses war.
Frau R. sagte abschließend, dass sie seitdem nicht mehr gerne in das Kaufhaus gehe und dass sie auch heute noch ab und zu an den Vorfall denken müsse und davon Herzklopfen bekomme.
Die übrigen Teilnehmer zeigten Anteilnahme und schilderten ihre eigenen Erfahrungen.

Einstieg in das biografische Thema

Mit „Einstieg in das biografische Thema“ meinen wir die Hinführung der Teilnehmer zum Arbeitsinhalt der aktuellen Sitzung. Dies bedeutet eine Beschäftigung mit dem entsprechenden Thema (z.B. Wohnen), aber noch keine tiefergehende Erinnerungsarbeit. Hier empfehlen sich vor allem spielerische Methoden, die Assoziationen zum Thema wecken. Je nach Methode kann im Plenum oder in der Kleingruppe gearbeitet werden.

Die Teilnehmer erhalten dadurch die Möglichkeit, sich mit der Thematik vertraut zu machen und die ersten Erinnerungen wachzurufen. Da die „Einstiegsmethoden“ meistens allen Spaß machen, wird die heitere und entspannte Stimmung auch in die nachfolgende Hauptarbeitsphase getragen und motiviert zur Biografiearbeit.

Beispiel:
Als Einstieg in das Thema Wohnen haben wir das Spiel „Montagsmaler“ (⇨ M 3) vorbereitet, bei dem die Teilnehmer verschiedene Wohnhäuser aus aller Welt erraten sollten. Die entsprechende Sendung im Fernsehen war allgemein bekannt und bedurfte keiner weiteren Erklärung. Herr A. konnte auch gleich den Namen der Moderatorin Siggi Harreis nennen.
Die dargestellten Häuser bzw. Gebäude (Leuchtturm, Windmühle, Wigwam, Iglu, Baumhaus, Moschee, Pagode, Kirche) wurden größtenteils sofort erraten und die anschließenden Unterhaltungen bezogen sich auch direkt auf die Darstellung.
So erzählte Herr W. nach der Darstellung eines Leuchtturms, dass er die Kassette „Fünf Freunde auf dem Leuchtturm“ hat und gerne hört.
Das Indianerzelt wurde auch sofort erraten, allerdings hatte keiner der Teilnehmer so ein Zelt schon mal gesehen, sie kannten es nur aus Westernfilmen.
Nach der Darstellung eines Baumhauses erzählte Frau M., dass sie und ihre Geschwister als Kinder ein eigenes Baumhaus hatten, andere Teilnehmer kannten Baumhäuser aus Fernsehserien wie Dschungelbuch oder Tarzan.
Auch die Moschee wurde erraten, und zwar als „Kirche, wo der Sultan wohnt“; bekannt war das Gebäude aus Märchen.
Schwierigkeiten bereitete nur die Pagode, die auch nach dem Stichwort „China“ nicht erraten worden ist, obwohl einer der Teilnehmer mit seinen Eltern schon dort war. Das Stichwort China lieferte dann eine Unterhaltung über chinesisches Essen.

Hauptarbeitsphase

Die Hauptarbeitsphase ist der Abschnitt, in dem die Teilnehmer intensiv an und mit ihrer Lebensgeschichte arbeiten. Hier empfehlen sich Methoden, die dazu geeignet sind, intensives

Erinnern zu ermöglichen. Während der Hauptarbeitsphase ist das Arbeiten in Kleingruppen sinnvoll, denn sie bieten einen intimeren Rahmen als das Plenum. Auch zurückhaltendere Personen können sich öffnen und über ihr Leben reden. Jeder Kleingruppe sollte eine Moderatorin zur Seite stehen, die das Gespräch leitet und Hilfestellungen gibt. Eine solche Kleingruppe sollte aus maximal vier Personen bestehen. Wenn sich Kleingruppen gefunden haben, in denen die Teilnehmer gut miteinander harmonieren, kann die Zusammensetzung über mehrere Treffen oder den kompletten Kurs hinweg bestehen bleiben. Manchmal macht es aber auch Sinn, die Kleingruppen neu zu formieren (z.B. durch die Bildung geschlechtshomogener Gruppen). Dies hängt sowohl von den Teilnehmern als auch von der Intention der Moderatoren ab. Wie im Plenum sollte das Gebot der Freiwilligkeit beachtet werden.

Ein besonderes Augenmerk liegt auf der Dokumentation der Erinnerungen. Im Laufe des Kurses sollte ein Archiv (z.B. in Form einer Sammelmappe) entstehen, in dem die verschiedenen Andenken als Ergebnis aktiver Erinnerungsarbeit gesammelt werden. Nähere Erläuterungen dazu finden sich im Kapitel „Biografiearbeit mit einzelnen Personen“ im Abschnitt „Dokumentation/Bewahren von Erinnerungen“. Die Arbeitsergebnisse der Erinnerungsarbeit sollten mit und für die Teilnehmer festgehalten und aufbewahrt werden. Dazu geben die einzelnen Methoden Hinweise.

Ausklang der gemeinsamen Arbeit

Nachdem die Teilnehmer in der Hauptarbeitsphase intensive Erinnerungsarbeit geleistet haben, sollte man diese gegen Ende eines Treffens ausklingen lassen. Dies kann entweder durch verschiedene Entspannungsmethoden, Spiele oder einfach durch ein Gespräch im Plenum erfolgen. Anders als beim Einstieg in das biografische Thema müssen hier die verwandten Methoden nicht unbedingt zum bearbeiteten Themenblock passen. Es kommt vielmehr darauf an, den Teilnehmern dabei zu helfen, die Erinnerungen wieder loszulassen und sich wieder bewusst dem Hier und Jetzt zuzuwenden. Kam es bei einzelnen Teilnehmern zu belastenden Erinnerungen, müssen diese aufgefangen werden, entweder im Plenum oder im Einzelgespräch.

Es ist Aufgabe der Moderation, darauf zu achten, in welcher seelischen Verfassung sich die Teilnehmer befinden. Unserer Erfahrung nach kennen geistig behinderte Menschen ihre Grenzen recht gut und wehren zu schmerzhafte oder traumatische Erinnerungen ab. Brechen bei einem Teilnehmer trotzdem schmerzhafte oder traumatische Erinnerungen hervor, ist es angebracht, dass sich ein Moderator intensiv um diesen Teilnehmer bemüht. Ein Gespräch unter vier Augen, Entspannungsübungen oder Bewegung (z.B. ein Spaziergang) helfen die Spannungen abzubauen. Eine solche Situation macht es auch notwendig, das Umfeld (Angehörige, professionelle Begleiter) über den psychischen Zustand des betroffenen Teilnehmers zu informieren. Nähere Erläuterungen zur Gesprächsführung finden sich im folgenden Kapitel „Biografiearbeit mit einzelnen Personen“.

Verabschiedung und Ausblick

Zum Ende der Sitzung treffen sich alle noch einmal im Sitzkreis. So bilden Begrüßung und Verabschiedung einen Rahmen, innerhalb dessen Biografiearbeit stattfindet.

Alle Teilnehmer können sich hier noch einmal äußern, z.B. über die geleistete Arbeit und wie es ihnen damit ging. Die Moderation kann die Arbeitsergebnisse kurz zusammenfassen und dann einen Ausblick auf die Thematik der nächsten Sitzung geben.

Auch zum Abschluss kann noch einmal ein kleines Ritual eingeführt werden (z.B. Blitzlicht-Runde). Es ist wichtig, dem Treffen ein „offizielles“ Ende zu geben und nicht direkt nach der Hauptarbeitsphase die Sitzung zu verlassen. So wird den Teilnehmern deutlich, dass die Biografiearbeit für heute beendet ist und es jetzt wieder gilt, den Alltag zu bewältigen.

Beispiel zur Ausgestaltung einer Sitzung

Einstieg in die gemeinsame Arbeit

1. Sequenz: Begrüßung

- Die Kursleitung begrüßt die Teilnehmer.
- Erinnern der Kursregeln durch gemeinsames Durchgehen der Punkte.

- Kurze Vorstellung des heutigen Seminarinhalts.
- Möglichkeit für Fragen, Anmerkungen, Vorschläge usw.

2. Sequenz: Einstieg in die Biografiearbeit
Zeitungsanalyse (⇨ M 26): Die Moderation liest aktuelle Nachrichten aus der lokalen Zeitung vor; es wird über den Inhalt gesprochen und wenn möglich, sich an ähnliche Ereignisse erinnert und davon berichtet.

- Material: eine Tageszeitung.
- Ziel: Einstieg in die Biografiearbeit; sich an Ereignisse von damals erinnern und Bezüge zwischen heute und damals herstellen.

Themenbereich Wohnen

3. Sequenz: Einstieg ins Thema
Assoziationssignale (⇨ M 3), Variation Montagsmaler: Die Moderatoren und/oder die Teilnehmer malen auf einer Folie, die auf einem Overheadprojektor liegt, verschiedene Wohnhäuser/Gebäude aus aller Welt auf (z.B. Iglu, Zelt, Schloss, Pagode, Leuchtturm, Kirche, Windmühle, Baumhaus, Pyramide, Haus). Die restliche Gruppe versucht im Plenum zu erraten, um was es sich handelt. Anschließend wird darüber gesprochen, wer dort wohnt, wo es diese Häuser gibt, ob man solche Gebäude schon einmal gesehen hat, usw.
Als Hilfestellung werden von der Moderation einige vorgefertigte Zeichnungen nebenan gelegt, die abgezeichnet werden können.

- Material: Overhead-Projektor, Folienstifte, Folien, vorgefertigte Zeichnungen.
- Ziel: Lockerer Einstieg ins Thema „Wohnen“.

Kaffeepause

4. Sequenz: Vorstellung von Erinnerungsstücken
Teilnehmer, die *Erinnerungstücke* (⇨ M 7) von Zuhause mitgebracht haben, können im Plenum darüber erzählen. Um eventuell die Hemmschwelle zu senken, fängt ein Kursleiter damit an.
Sollte kein Teilnehmer bereit sein, im Plenum über sein Erinnerungsstück zu reden, soll dies in der folgenden Kleingruppenarbeit nochmals aufgegriffen werden.

- Material: mitgebrachte Gegenstände.

- Ziel: Sicherheit schaffen (da sich auf Bekanntes bezogen werden kann); Themengebiet nochmals deutlich machen.

5. Sequenz: Kleingruppenarbeit zum Thema Wohnen
Wohnbiografie (⇨ M 25) und *Vergleichen* (⇨ M 24) findet unter folgenden Fragestellungen statt:
Wie und wo habe ich gewohnt?
Wie und wo wohne ich jetzt?
Wie und wo möchte ich in Zukunft wohnen?
Die Fragen werden für jede Kleingruppe auf Tonkarton aufgeschrieben und sind so immer greifbar. Die Kleingruppenarbeit soll hauptsächlich im Gespräch stattfinden.
Um etwas aufschreiben oder malen/basteln zu können (z.B. den Grundriss des Zimmers o.ä.) werden Bastelmaterial und Stifte zur Verfügung gestellt. Außerdem bringt die Kursleitung verschiedene Möbelprospekte mit, die zur Gestaltung eines Wunschzimmers, einer Wunschwohnung benutzt werden können.

Zur Moderation des Gesprächs kann folgender Fragekatalog benutzt werden:
Wo haben Sie überall gewohnt/bei wem/mit wem?
Wie sah es dort aus?
Wie oft und warum sind Sie umgezogen?
Haben Sie ein eigenes Zimmer? Seit wann? Seit wann nicht mehr?
Wie sieht Ihr Zimmer aus/welche Möbel bzw. Unterhaltungselektronik haben Sie?
Wie viel Platz haben Sie?
Gibt es einen Balkon oder Garten, den Sie nutzen können?
Haben Sie ein eigenes Bad oder müssen Sie es teilen?
Haben Sie eine Küche, die Sie selbst nutzen? Wer kocht?
Wie liegt Ihre Wohnung (z.B. zentral)? Wie lagen vorherige Wohnorte?
Wie möchten Sie zukünftig wohnen (z.B. eigenes Haus/Wohnung)?
Möchten Sie alleine wohnen? Mit wem möchten Sie zusammen wohnen?
Wie würden Sie das neue Zuhause einrichten?

- Material: Tonkarton, Papier, Stifte, Bastelmaterial, Kataloge, Fragekarten.
- Ziel: Intensive Auseinandersetzung mit dem Thema; Erinnern, Vergleichen und auf die Zukunft schließen.

Abschluss

6. Sequenz: Spiele
Zum Schluss können verschiedene Spiele gespielt werden. Neben zwei biografischen Spielen (⇨ M 5, M 14) werden auch bekannte Spiele angeboten, z.B. „Mensch ärgere dich nicht"; die Teilnehmer können selbst entscheiden, was sie spielen wollen; ggf. werden Gruppen gebildet.

- Material: verschiedene Spiele.
- Ziel: lockerer Abschluss der Sitzung.

7. Sequenz: Verabschiedung
Ausblick auf die nächste Sitzung; die Teilnehmer werden gebeten, zur nächsten Sitzung Erinnerungstücke zum Thema Kindheit und Jugend mitzubringen. Dazu wird ein Merkzettel verteilt.

Anforderungen an die Moderatoren

Empathie bei der Gesprächsführung

Die Kursleitung moderiert die Gespräche innerhalb der Gruppe. Die Teilnehmer sollen angeregt werden, sich mit ihrem Leben zu beschäftigen und darüber zu reden, soweit ihnen das möglich ist. Aufgabe der Moderatoren ist das Zuhören und Einfühlen in das Gesagte, denn bei biografischen Erzählungen ist nicht nur wichtig, was gesagt wird, sondern auch, wie etwas gesagt wird (vgl. Gudjons/Pieper/Wagener 1999).

Der Tonfall, das Tempo und die Stimmlage sagen etwas über die Bedeutung des Erzählten für den behinderten Menschen aus. Die Moderatorinnen beachten diese Aspekte und nehmen sie für die weitere Gesprächsführung auf. Sie bieten Anhaltspunkte für die Emotionen, die der geistig behinderte Mensch mit diesen Erinnerungen verbindet. Es ist für die Kursleitung oftmals schwierig zu entscheiden, ob sie an bestimmten Punkten nachfragen sollte. Es gibt in Gesprächen immer wieder Situationen, in denen Teilnehmer ins Stocken geraten, plötzlich das Thema wechseln oder ganz verstummen. Dies kann bedeuten, dass ein Punkt erreicht ist, über den der behinderte Mensch entweder nicht reden möchte oder über den er noch nie geredet hat. Hier liegt die Aufgabe der Moderatoren darin zu entscheiden, ob sie zum Weiterreden ermuntern oder ob sie das Thema auf sich beruhen lassen. Es kann für einen Teilnehmer durchaus befreiend sein, etwas auszusprechen, was vorher noch nie gesagt wurde. Andererseits kann es aber auch traumatische Erinnerungen wachrufen, deren Auswirkungen in der Gruppe nicht mehr aufzufangen sind. Ähnlich ist es, wenn Erzählungen gewisse Aspekte oder Empfindungen völlig ausklammern, z.B. negative Gefühle. Auch hier entscheiden die Moderatoren aufgrund ihrer gewonnenen Eindrücke darüber, ob sie nach dem fehlenden Aspekt fragen oder nicht.

Teamarbeit

Ab einer Gruppengröße von etwa vier bis sechs Teilnehmern empfiehlt sich die Moderation im Team. So ist die Begleitung der geistig behinderten Menschen bei der intensiven Arbeit an und mit der Lebensgeschichte gewährleistet. Außerdem empfiehlt sich ein geschlechtsgemischtes Moderatorenteam.

Die Arbeit im Team erfordert genaue Absprachen zwischen den Beteiligten, denn es ist wichtig, dass die Teilnehmer das Team auch als solches begreifen. Es muss Übereinstimmung hinsichtlich der Arbeitsziele und -methoden geben. Auch die Aufgaben während eines Treffens müssen aufgeteilt sein. Die Teilnehmer dürfen nicht das Gefühl haben, dass die Moderatoren in einem Konkurrenzverhältnis zueinander stehen. Dadurch wäre das Gruppenklima belastet; die Folgen wären mangelndes Vertrauen in die Kursleitung und Verunsicherung der Teilnehmer.

Ausbalancieren der Zwischenposition von Moderation und Einbezug in die Gruppe

Die erfolgreiche Arbeit an und mit den Lebensgeschichten der geistig behinderten Menschen basiert auf Vertrauen und einem intensiven persönlichen Bezug zwischen Kursteilnehmern und Moderatoren. Diese Bedingungen einer gelingenden biografischen Gruppenarbeit entwickeln sich aber nur, wenn sich die Kursleitung in die gemeinsame Arbeit mit einbringt und nicht außen vor bleibt. Dazu gehören zum Beispiel die Teilnahme an biografischen Spielen und das Beantworten von

Fragen der Teilnehmer zur Biografie der Moderatoren. Bringen sich die Moderatoren nicht ebenfalls in die biografische Arbeit mit ein, bleibt die Distanz zu den behinderten Menschen zu groß für eine enge Zusammenarbeit.

Andererseits ist es auch Aufgabe der Moderatorinnen, den Kurs zu leiten und die Gesprächsführung zu übernehmen. Das Involviertsein darf deshalb nicht so weit gehen, dass der „objektive" Blick für die Gruppe verloren geht.

Damit dies nicht geschieht, empfiehlt es sich, im Team zu arbeiten. So können sich die Moderatoren abwechselnd beteiligen und als Beobachter fungieren. Zudem haben die Teilnehmer dann auch mehrere Ansprechpartner und sind nicht auf „die" Kursleitung festgelegt.

Kursplanung

Die gründliche Vorbereitung des Kurses ist ebenfalls eine wichtige Voraussetzung für das Gelingen der gemeinsamen Arbeit. Organisatorische Fragen sollten im Vorfeld geklärt werden, damit sie im weiteren Verlauf die Arbeit in der Gruppe nicht beeinträchtigen. Zur Vorbereitung zählen das Organisieren der Räumlichkeiten, Verpflegung, Materialien und die An- und Abreise.

Parallel dazu plant die Kursleitung auch den Inhalt der Treffen. Mit den Methoden macht man sich am besten vertraut, indem man sie im „Selbstversuch" einmal ausprobiert. Es ist von Vorteil, praktische Erfahrungen mit einzelnen Übungen zu haben. Erklärungen und Antworten auf gegebenenfalls auftauchende Fragen fallen dann leichter.

Am meisten Probleme bereitet erfahrungsgemäß die Zeitplanung. Gerade zu Beginn der gemeinsamen Arbeit ist es schwierig einzuschätzen, wie viel Zeit die einzelnen Methoden in Anspruch nehmen. Meist ist es so, dass man zu viele Übungen für ein Treffen eingeplant hat. Wenn die Zeit knapp wird, sollte man „Mut zur Lücke" haben, d.h. lieber eine Methode in Ruhe zum Abschluss bringen und eine andere dafür entfallen lassen. Die Kursteilnehmer erhalten dadurch ein Erfolgserlebnis, denn sie haben etwas mit Erfolg zum Ende gebracht. Außerdem wird

Zeitdruck vermieden, der sich negativ auf die Arbeitsmotivation auswirken kann.

Insgesamt ist es wichtig, bei der Planung flexibel zu bleiben, d.h. auch Pausen und Entspannungszeiten nach den Bedürfnissen der behinderten Menschen zu gestalten.

Methoden für die Arbeit mit Gruppen

Die Grundlage für die Auswahl der Methoden und die genaue Planung des methodischen Vorgehens müssen auf Kurskonzeption und -teilnehmer zugeschnitten sein. Entscheidende Faktoren sind die Gruppengröße, das Alter der Teilnehmer, die Räumlichkeiten und das zur Verfügung stehende Material. Die Kurssequenzen sollten so gestaltet werden, dass sie im gegebenen Rahmen durchführbar sind. Besteht der Kurs zum Beispiel überwiegend aus Senioren, macht es wenig Sinn, allzu sportliche Bewegungsspiele einzuplanen.

Beim Arbeiten in Gruppen empfiehlt es sich, Methoden zu verwenden, die eine Einbindung aller Teilnehmer ermöglichen. Dazu bieten sich insbesondere spielerische Methoden an, vor allem solche, die mit Assoziationen arbeiten.

Sinnvoll ist es auch, solche Methoden und Materialien zu verwenden, die es den Teilnehmern ermöglichen, sich zeitweise allein zu beschäftigen. So bleibt Zeit, sich auch mal intensiver mit nur einer Person auseinander zu setzen. Hierzu bieten sich insbesondere dokumentationsorientierte Methoden an.

Im Folgenden werden einige solcher Methoden aus unserer Methodensammlung (vgl. Kap. 6) ausführlicher dargestellt.

Assoziationssignale (⇨ M 3)
Assoziationssignale lassen sich in der Biografiearbeit mit Gruppen auf vielfältige Weise einsetzen. Besonders in Form von Ratespielen ist eine Einbindung aller Teilnehmer leicht zu erreichen. Durch Assoziationssignale können alle Sinne angesprochen werden:

Durch Pantomime (z.B. als Berufe- und Tätigkeitenraten), als Bilderrätsel (ein abgedecktes Bild wird nach und nach aufgedeckt), als Malspiele (siehe Beispiel *Montagsmaler*) oder nur durch die Präsentation von Gegenständen können Erinnerungsimpulse durch einfaches Sehen gegeben werden.

Geruchsproben lassen sich einfach mit Filmdöschen und Watte herstellen („Geruchsträger" mit etwas Watte in der Dose fixieren oder die Watte mit Flüssigkeiten tränken).

Auch Geräusche lassen sich auf Tonträgern einfach einer großen Gruppe präsentieren. Mit Hilfe eines Aufnahmegeräts lassen sich leicht ganze „Geräuschkarteien" erstellen, die auch wieder in Form von Ratespielen genutzt werden können.

Gegenstände können mit verbundenen Augen oder unter einer Decke (nicht jeder mag sich die Augen verbinden lassen!) ertastet und geraten werden.

Durch Darreichung von Kostproben lässt sich auch der Geschmackssinn anregen.

Bei einigen dieser Möglichkeiten ist jedoch zu beachten, dass nicht jeder den Mut aufbringt, etwas ungesehen zu ertasten, zu kosten oder an etwas zu riechen. Daher sollte jedem Teilnehmer freigestellt sein, ob er dies tun will. Einem möglichen Druck durch andere Teilnehmer der Gruppe sollte hierbei deutlich entgegengetreten werden.

Mit Hilfe von Assoziationssignalen lassen sich leicht Erinnerungsimpulse auslösen. Nicht jede Sinneserfahrung bewirkt dies, aber durch die Vielzahl der Möglichkeiten ist eine solche Wirkung leicht zu erzielen.

Lebens-Arbeitsblatt (⇨ M 13)
Mit solchen Arbeitsblättern können sich die Teilnehmer mit geringer Hilfe selbst beschäftigen. Ihr Einsatz sollte überwiegend in Kleingruppen mit einer Begleitung durch einen Moderator geschehen. In der Kleingruppe kann die Moderatorin genau erklären was zu tun ist, und die Durchführung dann begleiten.

Je klarer die Aufgabenstellung aus dem Arbeitsblatt hervorgeht und je mehr Material zur Ausgestaltung vorhanden ist, desto einfacher wird es auch für die Teilnehmer, sich allein mit dem Arbeitsblatt zu beschäftigen. Der Moderator hat dann Zeit, sich intensiver einer Person und deren Arbeitsblatt zu widmen. Daraus ergibt sich für die betreffende Person die Möglichkeit, währenddessen über ihre Erinnerungen zu sprechen.

Arbeitsblätter können bei verschiedenen Themen zum Einsatz kommen. Besonders geeignet sind sie, die eigene Person zu einem bestimmten Zeitpunkt (besonders in der Gegenwart) in all ihren Facetten festzuhalten. Werden sie zu einem späteren Zeitpunkt wieder zur Hand genommen, können solche Arbeitsblätter dann schnell deutlich machen, wie man „früher" selber war oder sich gefühlt hat.

Auch der Vergleich „Damals – Heute" ist mit Hilfe von Arbeitsblättern leicht darzustellen.

Oft muss bei der Gestaltung von Arbeitsblättern auch Schrift verwendet werden. Das erschwert Teilnehmern ohne Lesefähigkeit die Arbeit sehr. Daher sollte so wenig wie möglich in schriftlicher Form auf den Blättern stehen; eine Bearbeitung sollte grundsätzlich auch in nicht-schriftlicher Form möglich sein. Trotzdem sollte man nicht generell auf Schrift verzichten. Ein Vorlesen durch das Umfeld der geistig behinderten Menschen sollte angeregt werden. Das wäre eine Möglichkeit, die Biografiearbeit auch nach Ablauf des Kurses fortzuführen.

Malen und Collagen (⇨ M 16)
Diese Methode dient hauptsächlich zum Festhalten von Arbeitsergebnissen aus vorherigen Arbeitsabschnitten. Gerade nach dem Einsatz gesprächsorientierter Methoden bietet es sich an, Erinnertes auf diese Weise festzuhalten.

In Gruppen bietet sich diese Form der Bewahrung von Erinnerungen besonders an, da sie meist nur geringfügig begleitet werden muss. So können auch ohne intensive Assistenz Lebensgeschichten festgehalten werden. Um dies zu gewährleisten, müssen den Teilnehmern ausreichend Materialien zum Malen und Basteln zur Verfügung gestellt werden. Die Moderatoren stehen hierbei unterstützend und begleitend zur Seite und geben Anregungen und Hilfestellungen. Abschließend bietet sich hier eine Präsentation an: Wenn ein Teilnehmer dies wünscht, kann er dem Plenum/seiner Kleingruppe sein Bild vorstellen und die dazugehörige Erinnerung schildern.

Fertigstellen von Andenken

Sind während der Kurstreffen einige Andenken nicht fertig geworden, so sollte man dies spätestens beim vorletzten Treffen nachholen. Kein Teilnehmer sollte die Veranstaltung mit unfertigen Materialien abschließen. Dies würde eine weitere Erinnerungsarbeit erschweren.

Es sollten jedoch nicht zu viele Materialien nachbereitet werden müssen. Die Planung der Veranstaltung sollte diesbezüglich immer wieder überprüft und überarbeitet werden. Vermeiden Sie unbedingt, gegen Ende der Veranstaltung unter Zeitdruck zu geraten!

Abschluss des Kurses

Es ist nicht sinnvoll, das letzte Treffen eines Kurses zum biografischen Arbeiten noch mit eigentlicher Erinnerungsarbeit auszufüllen. Das letzte Treffen dient dem Abschluss der gemeinsamen Arbeit und der Verabschiedung voneinander.

Mit Hilfe der Übersicht zum Kursablauf kann man beim letzten Treffen eine Rückschau auf die gemeinsame Arbeit halten. Dabei sollten die während des Kurses produzierten Andenken noch einmal angesehen werden, damit deutlich wird, was alles zusammen erreicht wurde. Hierzu bietet sich auch eine große gemeinsame Abschlusspräsentation an, bei der jeder Teilnehmer seine Materialien vorstellen und kurz kommentieren darf.

Hierbei kann dann Anregung dazu gegeben werden, sich auch später immer wieder einmal mit diesen Andenken auseinander zu setzen, um die darin festgehaltenen Erinnerungen wieder wachzurufen.

3. Biografiearbeit mit einzelnen Personen[4]

Im vorausgehenden Kapitel haben wir uns intensiv mit der biografischen Arbeit in Gruppen beschäftigt. Eine weitere Möglichkeit ist die Arbeit mit einzelnen Personen. Im Unterschied zur Gruppenarbeit weist sie folgende Vor- und Nachteile auf:

Vorteile

- In der Einzelarbeit können auch ansonsten schwer zugängliche Personen angesprochen werden, die sich innerhalb einer Gruppe nicht öffnen würden.
- Gespräche entwickeln sich durch den vertraulichen Rahmen der Einzelarbeit persönlicher, da der geistig behinderte Mensch die alleinige Hauptperson ist. Hemmschwellen werden dadurch leichter abgebaut.
- Durch das Arbeiten mit nur einer Person intensiviert sich die Beziehung zwischen den Gesprächspartnern.
- Die Arbeit im „Zweierteam" ermöglicht außerdem eine höhere Flexibilität hinsichtlich Zeit, Raum und Inhalt, da individuelle Absprachen getroffen werden können.

Nachteile

- Ein organisatorischer Nachteil der Einzelarbeit ist der erhöhte Personalaufwand.
- Einzelarbeit findet häufig in der eigenen Wohnung (Familie oder Heimgruppe) statt. Im Heimalltag kann es dabei leicht zu Störungen durch Mitbewohner oder Personal kommen.
- Die intensive Arbeit an und mit der eigenen Lebensgeschichte ermüdet zudem den behinderten Menschen schneller. Es gibt keine „Pausen", in denen auch die anderen einmal etwas erzählen.

4 Unter Mitarbeit von Daniel Gruber und Petra Schürmann.

- Außerdem steigt die Gefahr, dass unbewältigte Probleme und traumatische Erlebnisse zutage treten und die Gesprächspartner emotional stark beanspruchen. Um dies zu verhindern, muss der Moderator den Äußerungen (verbal und nonverbal) des behinderten Menschen sehr genau folgen und sie gegebenenfalls auch deuten. Werden kritische Punkte erreicht, sollte er eingreifen und das Gespräch in eine andere Richtung lenken.
- Das biografische Lernen geistig behinderter Menschen wird durch die Einzelarbeit stark gefördert. Dabei bleibt allerdings der Kontakt zu anderen Menschen außen vor.

Um die Vorteile der biografischen Einzelarbeit voll ausschöpfen zu können und die Nachteile zu begrenzen, ist die Beachtung einiger Dinge wichtig. Diese betreffen besonders den persönlichen Kontakt und den Umgang mit der geistig behinderten Person. Es sind im Wesentlichen drei Prinzipien, die Beachtung finden sollten:

Zuverlässigkeit
Um den geistig behinderten Menschen spüren zu lassen, dass er wichtig und die Hauptperson ist, müssen Absprachen und Termine eingehalten werden. In Zeiten, in denen Treffen wegen Urlaub, Krankheit usw. ausfallen müssen, sollte klar sein, dass die gemeinsame Arbeit weitergehen wird. Dies kann erreicht werden, in dem man telefonisch oder schriftlich weiter den Kontakt hält oder den behinderten Menschen auf andere Art und Weise immer wieder daran erinnert, z.B. durch Mitarbeiter, Angehörige, ein Tonband oder einen großen Merkzettel. Es macht keinen Sinn, während dieser Zeiten die Arbeit durch einen „Vertreter“ fortsetzen zu lassen. Dies unterbricht die personelle Kontinuität, die nötig ist, um das enge Vertrauensverhältnis zwischen dem Menschen mit Behinderung und seinem Gesprächspartner aufrecht zu erhalten.

Vertraulichkeit
Im Rahmen der Biografiearbeit mit einzelnen Personen entsteht für den behinderten Menschen eine sehr intensive Auseinandersetzung mit der eigenen Lebensgeschichte. Besteht zwischen den Gesprächspartnern eine gute Beziehung, wird der geistig behinderte Mensch viel von sich und seinen Gefüh-

len preisgeben. Deshalb muss er sich darauf verlassen können, dass der Inhalt der Treffen auch in diesem Rahmen verbleibt. Nur mit seiner Zustimmung dürfen Informationen weitergegeben werden. Die „Produkte", die während des gemeinsamen Arbeitens entstehen, verbleiben ebenfalls in der Hand des behinderten Menschen. Es ist allein seine Entscheidung, ob er sie anderen zeigen möchte.

Offenheit und Einfühlungsvermögen
Die Gesprächsführung in der Einzelarbeit erfordert, mehr noch als bei Gesprächen in einer Gruppe, Offenheit, Einfühlungsvermögen und die Fähigkeit zuzuhören. Die Aufmerksamkeit des Moderators richtet sich dabei auf den ganzen Menschen, d.h. es ist nicht nur von Bedeutung, *was* gesagt wird, sondern auch, *wie* es gesagt wird. Es lässt auf starke Gefühlsregungen schließen, wenn sich Körperhaltung, Sprechtempo oder Stimme verändern. Auch inhaltlich sind solche Spannungen erkennbar, z.B. wenn eine sehr einseitige Darstellung erfolgt, wenn plötzlich das Thema gewechselt wird oder wenn es einen Bruch in der Erzählung gibt. Als Gesprächspartner muss man offen sein für solche Signale und behutsam darauf eingehen. Oft wird man nachfragen, Verknüpfungen zu schon Erzähltem herstellen oder die Aussagen interpretieren. Dabei ist wichtig, dass dem behinderten Menschen nichts in den Mund gelegt wird. Wir versuchen lediglich, weitere Impulse zu geben und zum Weiterreden zu ermuntern. Signalisiert der Gesprächspartner, dass er über ein Thema nicht oder nicht mehr reden möchte, so müssen wir das akzeptieren und es abschließen.

Natürlich entstehen auch bei aktivitätsorientierten Methoden Situationen, in denen geistig behinderte Menschen starke Gefühlsregungen zeigen. Auch wenn sie dafür keinen verbalen Ausdruck finden, sollte darauf eingegangen werden.

Vorbereitung

Das Arbeiten an und mit einer Lebensgeschichte setzt ein gewisses Maß an Vorbereitung voraus. Das Wichtigste ist der Kontakt zu dem Menschen, mit dem man biografisch arbeiten möchte. Dieser sollte direkt angesprochen werden. Es ist zunächst zu klären, ob er/sie an einer Zusammenarbeit interessiert ist, deren Inhalt die eigene Lebensgeschichte ist. Es ist wichtig, von Anfang an klar zu stellen, dass es nicht darum gehen wird, den Menschen auszuhorchen. Das Prinzip der Freiwilligkeit ist von zentraler Bedeutung und das sollte auch der geistig behinderte Mensch erfahren. Es besteht immer die Gefahr, dass er sonst seine Zusage zu einer Zusammenarbeit gibt, um seinem Gegenüber gefällig zu sein, obwohl er dies eigentlich nicht so gerne möchte. Andererseits lehnt ein interessierter Mensch vielleicht aus Scheu vor dem neuen Thema ab, obwohl eine grundsätzliche Bereitschaft vorhanden ist. Deshalb ist es wichtig, sich bei einem solchen Gespräch Zeit zu lassen. Der geistig behinderte Mensch darf nicht gedrängt werden; andererseits sollte er aber unbedingt ermutigt werden, wenn er anfangs aus Unsicherheit zögert. Unter Umständen muss man eine Bedenkzeit oder ein „Probetreffen" verabreden und dann noch einmal miteinander sprechen.

Es ist nicht leicht zu verstehen, was mit Biografiearbeit oder Arbeit mit der eigenen Lebensgeschichte gemeint ist. Deshalb müssen diese komplexen und abstrakten Begriffe so anschaulich wie möglich dargestellt werden. Vielleicht erzählt man eine Anekdote aus seinem eigenen Leben, um klar zu machen, was erarbeitet werden soll; oder man bringt aus der Biografiearbeit mit anderen Einzelpersonen oder Gruppen etwas mit, z.B. einen *Lebensweg* (⇨ M 15), um das Thema Biografiearbeit zu veranschaulichen.

> *Beispiel:*
> Nach meiner direkten Anfrage zeigte sich Frau S. sofort dazu bereit, mit mir zusammen über ihr bisheriges Leben zu reden. Um ihr nochmals deutlich zu machen, was es bedeutet, über „das eigene Leben zu berichten", hatte ich einige Fotos von Familienfesten von mir mitgebracht, welche wir uns gemeinsam anschauten. Ich erklärte, was auf den Bildern zu sehen sei und erzählte bei einigen Fotos auch noch die dazugehörige Geschichte. Frau S. zeigte sich hierbei sehr interessiert und fragte auch gelegentlich selbst nach dem Hintergrund einiger der Bilder. Währenddessen erkundigte ich mich bei ihr, ob sie auch schon ähnliche Erfahrungen und Erlebnisse in ihrem Leben hatte. Als wir alle

Fotos betrachtet hatten, sagte ich Frau S., dass unsere Arbeit in etwa dieser Form ablaufen würde. Außerdem gab ich ihr schon einen kleinen Überblick darüber, was wir neben dem Betrachten von Bildern (⇨ M 4) alles tun könnten. Auf meine nochmalige Frage, ob sie immer noch Interesse hätte, mit mir diesbezüglich zu arbeiten, reagierte sie wieder zustimmend.

Der nächste Schritt besteht darin, Kontakte zu Angehörigen, zu Betreuungspersonal und evtl. auch zu gesetzlichen Betreuern zu knüpfen. Vielleicht muss auch hier das Thema „Biografiearbeit" erklärt und erläutert werden, um Unsicherheiten und Vorbehalte abzubauen. Die Gespräche mit dem sozialen Umfeld des behinderten Menschen sind auch deshalb sehr wichtig, weil hier unter Umständen noch Material für die Erinnerungsarbeit gefunden werden kann. Vielleicht gibt es noch alte Fotos des behinderten Menschen, Fotos seiner Angehörigen, Gegenstände aus seiner Kindheit und Jugend oder Geschichten von Kindheitserlebnissen usw. Lebt die Person in einer Einrichtung, so kann auch die Einsicht in ihre Bewohnerakte nützliche Informationen liefern. Üblicherweise sind dort zwar nur „objektive" Daten festgehalten, aber aus einer Akte lässt sich oft ein Teil dessen ersehen, was ein Mensch im Laufe seines Lebens erlebt hat (Umzüge, Krankheiten usw.). Die Informationen, die man sich so beschafft, dürfen selbstverständlich nicht dazu dienen, sich ein vorgefertigtes Bild des behinderten Menschen zu machen. Sie sollen lediglich Anhaltspunkte liefern für die Erinnerungsarbeit und vielleicht aufzeigen, wo besonders sensibel mit der Lebensgeschichte umgegangen werden muss.

Das erste Treffen

Das erste Treffen ist von entscheidender Bedeutung. Hier wird die Grundlage für die weitere Zusammenarbeit geschaffen. Der Schwerpunkt sollte deshalb darauf liegen, eine Vertrauensbasis und die Bedingungen und Voraussetzungen für weitere Treffen zu schaffen. Man sollte methodisch nicht direkt in die Erinnerungsarbeit einsteigen, sondern sich Zeit nehmen, sich etwas besser kennen zu lernen.

Wie bei der Gruppenarbeit gibt es in der Einzelarbeit gewisse Regeln, die besprochen werden müssen. An oberster Stelle stehen die Prinzipien der Freiwilligkeit und der Vertraulichkeit. Es muss für den geistig behinderten Menschen klar sein, dass er keinem Zwang unterliegt und nichts von sich preisgeben muss. Er allein kann entscheiden, was er erzählt und was nicht. Außerdem muss er darauf vertrauen können, dass nichts von dem, was während des Treffens gesagt wird, an andere weitergetragen wird. Es liegt an ihm, ob er anderen Personen davon etwas erzählen möchte oder nicht. Solche Regeln können mündlich vereinbart, schriftlich festgehalten, durch Symbole verdeutlicht oder sogar per „Vertrag" fixiert werden.

> *Beispiel:*
> Die Regeln der Freiwilligkeit und der Vertraulichkeit sprach ich bei unserem ersten Treffen an und erklärte Frau C., was diese bedeuten. Sie gab an, diese zu verstehen, wollte auf eine Fixierung in schriftlicher oder bildlicher Form jedoch verzichten.
> Bei unserm vierten Treffen war Frau C. sehr unkonzentriert und wirkte abwesend. Nach direktem Nachfragen fand ich heraus, dass sie heute keine Lust hatte, mit mir zusammenzuarbeiten. Sie traute sich jedoch nicht, dies zu äußern. Ich erklärte ihr nochmals deutlich, dass ihre Teilnahme absolut freiwillig sei und ihre Befürchtungen unbegründet seien. Wir einigten uns darauf, dass sie zukünftig in einem solchen Fall mir rechtzeitig (mindestens eine Stunde vorher) telefonisch absagen könne.
> Seit dem dritten Treffen hielten wir unsere gemeinsame Arbeit auf einem Video-Tagebuch (⇨ M 22) fest. Somit war diese Vereinbarung auch fixiert. Gelegentlich spielte ich diesen Filmabschnitt zu Beginn einer der nachfolgenden Sitzungen ab, um diese Vereinbarung in Erinnerung zu rufen.

Während des ersten Treffens sollte auch noch einmal über den Charakter der gemeinsamen Treffen geredet werden. Es ist unserer Meinung nach wichtig zu betonen, dass etwas erarbeitet werden soll. Die Treffen sollen nicht die Funktion einer Freizeitbeschäftigung haben, sondern sie fallen unter die Kategorie der Erwachsenenbildung. Der Mensch mit Behinderung muss bereit sein mitzuarbeiten. Zur Unterstreichung dieses „ernsthaften“ Anliegens vereinbart man am besten schon die nächsten Termine. Ideal ist es, wenn wie bei einem Seminar ein regelmäßiger Termin vereinbart wird.

> *Beispiel:*
> Herr G. zeigte sich von Anfang an sehr offen und engagiert, was unser biografisches Arbeiten anbetraf. Er hielt sich an Terminabsprachen und forderte auch das wöchentliche Treffen ein. Allerdings musste ich ihm immer wieder erklären, warum wir uns trafen; denn Herr G. wollte am liebsten mit mir „schöne Sachen“ basteln und diese dann im Gruppenraum aufhängen. Deshalb begannen unsere ersten Treffen stets damit, dass ich noch einmal über den Inhalt unserer Treffen sprach. Jedes Mal erklärte ich Herrn G., dass wir uns doch trafen, um über sein Leben zu reden. Natürlich bastelten wir auch (z.B. ein Namensplakat ⇨ M 17); dies taten wir aber vor allem, um ein Andenken an eine Erinnerung zu schaffen. Ich verwandte auch bewusst das Wort „Arbeit“ in Bezug auf unsere Treffen und verwies immer wieder auf das Biografie-Seminar, an dem Herr G. teilgenommen hatte. Biografiearbeit war dann auch jedes Mal möglich; dennoch blieb auch der Wunsch von Herrn G., mit mir zusammen einfach seine Freizeit zu gestalten, bestehen.

Aufgrund des vertraulichen Charakters der Biografiearbeit ist auch der Ort, an dem die Treffen stattfinden, ganz wichtig. Es sollte immer der gleiche Raum sein, um mit der Zeit eine gewohnte Umgebung für die Treffen zu haben. Es macht Sinn, einen Raum auszuwählen, in dem man ungestört arbeiten kann. Ablenkungen durch Mitbewohner und Alltagsgeräusche sollen so gering wie möglich gehalten werden.

Wenn dies gewünscht wird, können die Treffen auch im eigenen Zimmer des geistig behinderten Menschen stattfinden. Dies kann dann zusätzliche Sicherheit geben. Auch hierbei kommt es aber auf die Freiwilligkeit an. Die Moderatorin sollte eingeladen sein und sich als Gast verstehen. Ein Eindringen in die Privatsphäre der Person darf es nicht geben.

Die Dauer eines Treffens sollte möglichst offen gehalten werden. Erfahrungsgemäß liegt sie zwischen 20 und 60 Minuten.

Es ist sinnvoll, eine Höchstdauer festzulegen, da man sonst in Gefahr gerät, sich zu verzetteln und keinen Abschluss des Treffens findet.

> *Beispiel:*
> Für das erste Treffen mit Frau K. hatte ich ca. 45 Minuten vorgesehen. Schnell wurde jedoch deutlich, dass sie sich nur schwer so lange würde konzentrieren können. Daher verkürzte ich für unser nächstes Treffen die Dauer auf 20 – 30 Minuten und legte darauf auch die Planung der Arbeitsinhalte aus. Dieser Zeitrahmen kam Frau K. sehr entgegen. Die weiteren Treffen dauerten alle ungefähr 30 Minuten. Nur bei größeren und aufwändigeren Projekten, wie z.B. bei Ausflügen (⇨ M 18), konnte ich mehr Zeit einplanen, wobei auch großzügige Pausen berücksichtigt wurden. Dies kündigte ich dann in der vorherigen Sitzung an. Als Ausgleich für die verkürzten Treffen plante ich zusätzliche Sitzungen ein.

Arbeit an und mit der eigenen Lebensgeschichte ist anstrengend. Sie erfordert Konzentration und emotionale Beteiligung. Darum sollte der geistig behinderte Mensch immer die Möglichkeit haben, eine Pause zu machen oder zu sagen, dass er erschöpft ist und das Treffen beenden möchte.

Zielsetzung und Verlauf der weiteren Treffen

Nachdem die Grundvoraussetzungen geklärt sind und der Rahmen für das gemeinsame Arbeiten festgelegt wurde, sollte der nächste Schritt sein, gemeinsam ein Ziel zu formulieren. Dabei können folgende Fragen behilflich sein:

- Was soll erreicht werden?
- Sollen „verschüttete“ Erinnerungen aufgearbeitet werden?
- Sollen nur einzelne Abschnitte der Lebensgeschichte thematisiert werden, dafür aber intensiver?
- Wie sollen die Erinnerungen festgehalten werden?
- Was soll entstehen?

Die Zielsetzung orientiert sich an dem, was der Mensch mit geistiger Behinderung an Wünschen äußert. Hierbei kann es nicht darum gehen, für sich oder für die Einrichtung mehr über diesen Menschen zu erfahren. Vielleicht ist es manchmal notwendig, seine Wünsche und Bedürfnisse zu interpretieren. Das muss aber mit Vorsicht und Einfühlung geschehen. Zieht sich die Person zurück oder äußert sie Unbehagen, muss dem Rechnung getragen werden.

Beispiel:
Die biografische Einzelarbeit mit Frau B. wurde mir durch die Leiterin des Heims vorgeschlagen. Bei einem Vortreffen versuchte ich, Frau B. deutlich zu machen, um was es bei der gemeinsamen Arbeit gehen soll. Sie versicherte, dass sie daran interessiert sei, sich regelmäßig mit mir zu treffen und zu arbeiten.
Allerdings gestalteten sich die weiteren Treffen von Anfang an recht problematisch. Frau B. hielt sich zwar an die Terminabsprachen, freute sich auch jedes Mal sichtlich, mich zu sehen, aber sie war nicht bereit, mit mir über ihre Vergangenheit zu reden. Als Ort unseres Treffens wählte sie die Cafeteria ihres Wohnheims. Dort war es alles andere als ruhig und privat. Aber den Vorschlag, in ihr Zimmer zu gehen und dort zu arbeiten, lehnte sie vehement ab.
Die wenigen Äußerungen, die Frau B. bezüglich ihrer Vergangenheit machte, waren für mich oft unzusammenhängend und nicht verständlich. Ich verstand allerdings, dass sie früher wohl massiver Gewalt ausgesetzt gewesen sein musste. Nach einigen Treffen kam ich zu dem Schluss, dass Frau B.'s Erinnerungen an früher (d.h. vor dem Umzug in das Wohnheim) traumatische Erlebnisse umfassen und sie darüber nicht reden möchte oder kann. Warum sie sich bereit erklärt hatte, sich regelmäßig mit mir zu treffen, konnte ich nur vermuten. Vielleicht wollte sie einfach der Heimleiterin einen Gefallen tun; vielleicht wollte sie aber auch einmal eine Person nur für sich haben, denn ihren Mitbewohnerinnen hat sie mich oft als ihre Freundin vorgestellt.
Mir wurde klar, dass biografisches Arbeiten mit Frau B. nicht sinnvoll ist, da sie nicht über ihre Vergangenheit reden möchte und die Gefahr besteht, dass traumatische oder verdrängte Erinnerungen wieder aufbrechen. Möglicherweise wäre hier eher eine psychotherapeutische Maßnahme angebracht.
Die beiden Treffen nach dieser Entscheidung verwandte ich dazu, Frau B. darauf vorzubereiten, dass wir uns nicht mehr

treffen würden. Die letzten Treffen hatten dann ganz bewusst den Charakter einer freizeitgestaltenden Maßnahme und verliefen in einer heiteren Atmosphäre.

Hat man all dies geklärt, kann mit der Planung der Biografiearbeit begonnen werden. Es gibt verschiedene Möglichkeiten, die gesamte Arbeit aufzubauen. Zum einen kann man chronologisch vorgehen und von der Kindheit bis zur Gegenwart die einzelnen Lebensabschnitte behandeln. Aber gerade für ältere Menschen mit geistiger Behinderung ist dies oftmals schwierig, weil sie es nicht gewöhnt sind, nach ihrer weit zurückliegenden Vergangenheit gefragt zu werden. So fällt es ihnen zunächst schwerer, diese Erinnerungen zu aktivieren, zumal in vielen Fällen kaum Andenken aus dieser Zeit vorhanden sind, um Erinnerungsprozesse direkt anzuregen. Deshalb empfiehlt es sich nach unseren Erfahrungen eigentlich nicht, auf diese Art in biografisches Arbeiten einzusteigen. Denn durch die Erinnerungsschwierigkeiten entsteht leicht eine gewisse Frustration, die auch die spätere Zusammenarbeit behindern kann.

Sinnvoller ist es, erst das „Erinnern" durch Arbeiten mit der jüngeren Lebensgeschichte einzuüben und dann auf weiter zurück Liegendes einzugehen. Es ist also durchaus empfehlenswert, die Lebensgeschichte von hinten aufzurollen.

Beispiel:
Durch Gespräche mit Herrn P. wurde deutlich, dass er sich nur sehr undeutlich an früher, also an seine Kindheit und Jugend erinnerte. Allerdings sprach er oft und gerne über seine Arbeit in der Werkstatt für behinderte Menschen (WfbM). Während seiner Erzählungen erwähnte Herr P. auch immer wieder, dass er in seinem Leben schon viel gearbeitet habe. Es war ihm sehr lebhaft im Gedächtnis geblieben, was das für Tätigkeiten gewesen waren und wo und in welchem Lebensabschnitt er sie ausgeführt hatte. Darauf bauten wir in den folgenden Sitzungen auf. Wir bearbeiteten das Thema „Arbeit" und begannen in der Gegenwart bei seiner Tätigkeit in der WfbM und gingen dann immer weiter zurück. Dabei erinnerte sich Herr P. an immer mehr Ereignisse, Personen und Orte, die sich auch außerhalb der Arbeit befanden. So hatten wir nebenbei die

Grundlage für unser weiteres Arbeiten an und mit Herrn P.'s Lebensgeschichte geschaffen.

Eine weitere Möglichkeit der Strukturierung ist es, sich auf wichtige Lebensereignisse zu beziehen. Solche Ereignisse sind z.B. Einschulung, Geburtstage, Umzüge, Todesfälle usw. Erfahrungsgemäß gibt es im Leben eines Menschen mit geistiger Behinderung viele Brüche, die oft auch gut erinnert werden. Dabei besteht jedoch die Gefahr, dass auch traumatische und negative Lebenserinnerungen zum Thema werden. Darum ist es wichtig, dass der geistig behinderte Mensch von sich aus darüber reden möchte und dass man sich selbst zutraut, solch eine Situation zu bewältigen. Diese Herangehensweise empfiehlt sich nur, wenn ein intensives Vertrauensverhältnis zwischen der geistig behinderten Person und ihrem Gesprächspartner besteht.

Beispiel:
Aus Vorgesprächen mit den Betreuern der Wohngruppe von Frau M. erfuhr ich vor Beginn der gemeinsamen Arbeit, dass sie mit Anfang zwanzig ein Kind zur Welt brachte, welches ihr jedoch direkt nach der Geburt weggenommen wurde. Dieses Ereignis ist sehr wichtig für sie, und sie spricht relativ häufig darüber. Auch während der vorherigen Treffen sprach sie dies immer wieder an. Darum fragte ich Frau M., ob sie mit mir ausführlich über diese Erfahrung sprechen wolle. Sie war sofort damit einverstanden.
Drei Sitzungen lang beschäftigten wir uns mit diesem Lebensereignis. Dabei berichtete Frau M. ausführlich über die Geschehnisse damals: über den Vater des Kindes, den Ort und den Ablauf der Geburt, sowie ihre Gefühle nach der Wegnahme des Säuglings. Wir feierten zum Beispiel den Geburtstag ihres Kindes (⇨ M 12), gestalteten seinen Stammbaum (⇨ M 21 und M 17) und hielten Frau M.'s Gefühle auf einem Arbeitsblatt fest (⇨ M 9).

Es kann natürlich auch sein, dass ein von Anfang an geplantes Vorgehen nicht durchführbar ist, z.B. wenn die Person große Schwierigkeiten hat, sich zu erinnern oder sich das Vertrauensverhältnis erst noch weiter aufbauen muss. In einem solchen Fall bietet sich ein Vorgehen an, das mit Assoziationen arbeitet (⇨ M 3). Dabei kann man zunächst offene Gespräche führen oder unterschiedliche Materialien als Erinnerungsanstöße zur Verfügung stellen. Daraus entstehen dann Anknüpfungspunkte für die weitere Planung und Arbeit.

Beispiel:
Herr A. ist 59 Jahre alt. Seine Akte ist erschreckend dünn. Außer einigen Arztberichten und Schreiben des Kostenträgers enthält sie keine Informationen darüber, wo und wie das Leben von Herrn A. bisher verlaufen ist. Sein gesetzlicher Betreuer verfügt auch nicht über mehr Informationen und über Verwandte ist ebenfalls nichts bekannt. Also können Informationen über Herrn A.'s Leben nur von ihm selbst eingeholt werden. Das möchten wir in Form eines Interviews umsetzen. Dazu habe ich einen „Biografiebogen" entworfen und einen groben Interview-Leitfaden (vgl. Abb. 4). Das Treffen wurde dann zu einem Rollenspiel (⇨ M 20). Herr A. sollte sich vorstellen, er sei ein Star, und ich wäre die Reporterin, die ihn zu seinem Leben befragt. Dazu trug ich eine Aktentasche bei mir und ein Diktiergerät. Ich stellte Fragen und Herr A. erzählte. Zunächst waren seine Antworten recht kurz und er war sich auch unsicher in seiner Rolle. Teilweise fiel es ihm schwer, seine Erinnerungen in Worte zu fassen. Seiner Mimik sah ich an, dass er sich sehr wohl erinnerte, aber zunächst fehlten ihm einfach die Worte. Er sagte auch immer wieder „Was die mich alles fragt …?". Doch durch aufmunterndes Nachfragen erhielt ich immer mehr Informationen.
Nach 45 Minuten war das Interview beendet. Wir hörten uns einige Teile gemeinsam an, weil Herr A. wissen wollte wie er sich auf einer Kassette anhört. Er freute sich, dass er zu jeder Frage etwas zu erzählen hatte und ich hatte Informationen und Anknüpfungspunkte für die weitere Arbeit bekommen.

Aus unserer praktischen Erfahrung heraus lässt sich biografisches Arbeiten mit geistig behinderten Personen am besten anhand von Themenblöcken strukturieren. Solche Blöcke sind z.B. Wohnen, Arbeit, Freizeit, Feste, Kindheit, Schule, Gegenwart… Sie beziehen sich auf einzelne Lebensabschnitte oder auf Ereignisse, welche die gesamte Lebensgeschichte durchziehen. So können neuere Erinnerungen mit weit zurück liegenden verbunden werden. Außerdem lässt

Abb. 4: Arbeitsblatt zum biografischen Interview

Lebensdaten:

Beruf/Arbeitstätigkeiten:

Interessen/Hobbys:

Wohnorte/Umzüge:

Wichtige Menschen:

Wichtige Lebensereignisse

Wünsche für die Zukunft

---

sich der Vergleich von damals zu heute herstellen. Diesen Bogen herzustellen ist wegen der großen Brüche in manchen Lebensgeschichten sehr wichtig für geistig behinderte Menschen.

Die Planung nach Themenblöcken gestattet eine hohe Flexibilität. Einzelne Themen können sehr ausführlich, andere eher am Rande bearbeitet werden; je nachdem, welchen Stellenwert sie für die geistig behinderte Person haben. So können außerdem viele unterschiedliche Methoden zum Einsatz kommen.

> *Beispiel:*
> Wie im vorangegangenen Beispiel bereits erwähnt, gibt es kaum Informationen über Herrn A.'s Leben. Deshalb sprach ich in den Sitzungen verschiedene Themen mit ihm an und beobachtete, wie seine Reaktion darauf war. An seine Familie und Personen aus seiner Kindheit erinnerte sich Herr A. nur ungenau. Deshalb wählte ich beim nächsten Treffen ein anderes Thema aus und zwar „Arbeit“. Hier wurde Herr A. beim Erzählen sehr lebendig. Er erinnerte sich an viele Tätigkeiten, die er damals machen musste, an seine verschiedenen Arbeitsstellen, an seine Chefs und Kollegen. Beim nächsten Treffen gestalteten wir deshalb etwas zu diesem Thema. Ich brachte Bilder mit von Tätigkeiten und Werkzeugen, die mir Herr A. beschrieben hatte. Gemeinsam klebten wir sie in das große Album ein, in dem alle erarbeiteten „Andenken“ gesammelt wurden und beschrifteten sie (⇨ M 2). Das Thema „Arbeit“ ist in Herrn A.'s Leben bis heute etwas Zentrales. Er musste schon früh in seinem Leben arbeiten und ist auch heute noch in einer Werkstatt tätig. Obwohl die Arbeit teilweise hart und anstrengend war und er keinen geregelten Lohn erhielt, empfand Herr A. Arbeit als etwas Positives. Es wurde deutlich, dass er sich durch seine Arbeit nützlich und anerkannt fühlte. Trotzdem freut er sich auf die Rente, da er der Meinung ist: „Ich hab' genug geschafft!“

Abb. 5: Seite aus einem Lebensbuch

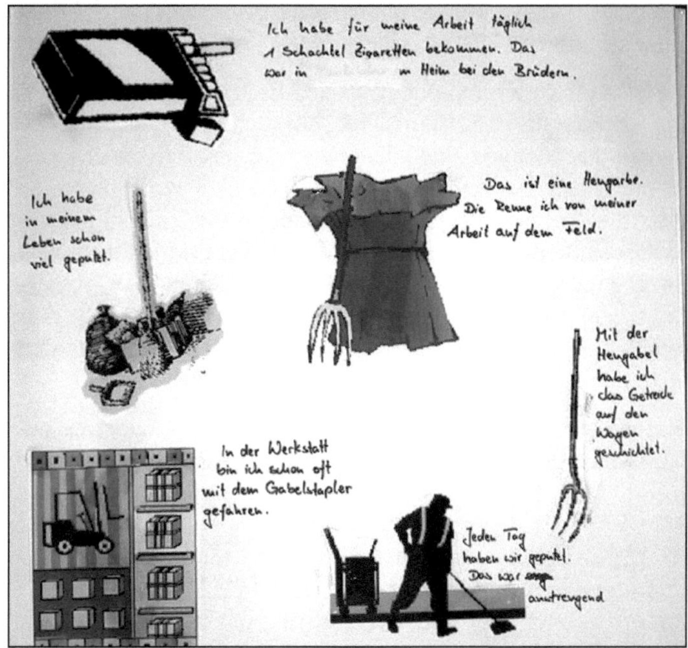

Beispiel:

Die gemeinsame Arbeit mit Frau S. orientierte sich überwiegend an verschiedenen Themenblöcken, wie z.B. Familie/Freunde, Kindheit, Schulzeit, Wohnen oder Arbeit. Diese stellte ich ihr in der ersten Sitzung nacheinander vor und sie war mit allen einverstanden. Eigene Vorschläge machte sie nicht.

Schnell wurde deutlich, dass Frau S. an ihr Leben vor dem Einzug in ihre jetzige Wohneinrichtung eher negative und insgesamt nur sehr wenig Erinnerungen hat. Themenblöcke, wie Kindheit oder Schulzeit wurden daher von ihr eher schnell abgehandelt – oft kam auch einfach: „Darüber will ich nicht reden!“

Andere Themen wie Familie/Freunde oder Wohnen wurden dann aber in Bezug auf einzelne Lebensabschnitte sehr ausführlich bearbeitet. So berichtete sie z.B. sehr viel über ihre Freunde aus ihrer letzten Wohneinrichtung.

Besonders viel berichtete sie über die letzten fünf Jahre, die Frau S. nun schon in ihrer jetzigen Wohneinrichtung lebt.

Daher beschlossen wir noch den Themenblock „Mein Leben in M.“ als Schwerpunkt unserer gemeinsamen Arbeit zu behandeln.

Spätestens zu dem Zeitpunkt, zu dem sich verschiedene wichtige Themen herauskristallisieren, sollte man sich darüber Gedanken machen, wie lange die gemeinsame Arbeit dauern soll. Ist die Dauer aus organisatorischen Gründen vorgegeben, so muss dies bei der Planung berücksichtigt werden. Ein feststehendes Ende der Zusammenarbeit darf nicht dazu führen, die einzelnen Themen unter Zeitdruck „abarbeiten“ zu müssen. Außerdem muss dem geistig behinderten Gesprächspartner verständlich gemacht werden, dass nach einer bestimmten Anzahl von Treffen die gemeinsame Arbeit beendet ist.

Gibt es keine solchen Vorgaben, sollte sich das Ende der gemeinsamen Arbeit an der Zielsetzung orientieren. Auf diese Weise bleibt die Zeitdauer flexibel und man gerät nicht in Gefahr, keinen Schlusspunkt zu finden. Daher sollte während der gemeinsamen Arbeit immer wieder eine Art „Zwischenbilanz“ über das schon Erarbeitete gezogen und ein Ausblick auf das noch Bevorstehende gegeben werden. Nähert sich die Arbeit dem Ende, sollte der Ausstieg geplant und angekündigt werden.

Beispiel:
Die gemeinsame Arbeit mit Frau K. hatte ich auf ungefähr 10 Sitzungen ausgelegt. Durch die Verkürzung der Dauer unserer Treffen auf ca. 30 Minuten entschied ich mich jedoch schnell dafür, von einer festgelegten Anzahl von Treffen abzuweichen. Orientiert hatte ich mich nun an unseren Arbeitsfortschritten. Anhand der abgehandelten Themenblöcke, die auf einem Plakat fixiert waren, konnte ich Frau K. das gemeinsam Erreichte deutlich machen und sie auf die weitere „Dauer“ und das voraussichtliche Ende unserer Zusammenarbeit vorbereiten.

Dokumentation/Bewahren der Erinnerungen

Im Laufe der Treffen sollen natürlich auch Erinnerungen festgehalten werden. Damit meinen wir nicht die akribische Dokumentation, um die Akte des Betreffenden zu füllen, sondern vielmehr das Schaffen greifbarer Lebenserinnerungen. Es gilt das eingangs schon erwähnte Prinzip der Vertraulichkeit, d.h. die Inhalte der Treffen dürfen nicht an andere weitergegeben werden. Die Entscheidung, ob auch Dritte etwas aus der Lebensgeschichte erfahren sollen, liegt allein bei der geistig behinderten Person.

Das biografische Arbeiten soll sichtbare Spuren hinterlassen, die dem geistig behinderten Menschen helfen können, sich selbstständig zu erinnern. Es ist daher wichtig, das Erinnerte zu dokumentieren, um zu verhindern, dass es wieder in Vergessenheit gerät. So entstehen Andenken, mit denen sich auch nach Beendigung der Biografiearbeit Erinnerungen verknüpfen. Diese Andenken können zudem als Grundstein für eine spätere Fortsetzung der Biografiearbeit dienen.

Abb. 6: Dokumentation einer Lebensgeschichte in Form eines Lebenswegs (⇨ M 15)

Übergeordnetes Ziel jeder Art des biografischen Arbeitens ist für uns, das Selbstbild geistig behinderter Menschen positiv zu beeinflussen und ihre biografische Kompetenz zu steigern. Sie sollen erfahren, dass sie etwas zu erzählen haben und dass dies interessant und wichtig ist. Daraus entstandene Arbeitsergebnisse stehen symbolisch für diese Erfahrung. Deshalb haben sie unserer Ansicht nach auch einen so hohen Stellenwert.

Das sichtbare Ergebnis biografischen Arbeitens kann sehr vielfältig gestaltet werden. Es gibt die Möglichkeit der Verschriftlichung, etwa in Form eines Tagebuchs oder Lebensbuchs. Aber auch Bild-, Ton- und Videodokumente können ein solches Ergebnis sein. Im Laufe der gemeinsamen Arbeit kann so ein „großes Werk" entstehen oder mehrere „kleinere" Erinnerungsstücke, die in einem Archiv (⇨ M 2) gesammelt werden können. Dies hängt von den Interessen und Fähigkeiten des geistig behinderten Menschen ab sowie von den verwandten Methoden.

Gestaltung der Treffen (Rituale und Atmosphäre)

Das Arbeiten an und mit der eigenen Lebensgeschichte fordert geistig behinderten Menschen großes Vertrauen in ihr Gegenüber ab. Deshalb ist es wichtig, dass sie sich sicher fühlen und ein Vertrauensverhältnis zwischen den Partnern der Biografiearbeit besteht. Die Atmosphäre während der Treffen ist hier von großer Bedeutung. Die Treffen sollten in einem Raum stattfinden, in dem sich beide wohlfühlen können. Es ist sehr individuell, was der Einzelnen Sicherheit gibt. Für die eine ist es die Privatsphäre eines geschlossenen Raums, für den anderen die Nähe anderer Personen. Darauf sollte unbedingt eingegangen werden.

Oft ist es hilfreich, ein „Signal" zu setzen, das die gemeinsame Arbeit einläutet. Die Einführung eines Rituals zu Beginn jedes Treffens macht klar, dass man jetzt unter sich ist und beginnen kann. Rituale können sehr unterschiedlich gestaltet werden. So können z.B. eine Grußformel oder das Anzünden einer Kerze ein Treffen einleiten, während ein gemeinsamer Spaziergang oder eine Verabschiedung es beenden können.

> *Beispiel:*
> Die Treffen mit Herrn L. fanden immer im Wohnzimmer seiner Wohngruppe statt. Seine Mitbewohner wurden gebeten, uns während des Treffens nicht zu stören. Es war Herrn

L. sehr wichtig, dass ich ausschließlich kam, um mit ihm zu reden und zu arbeiten. Wir gestalteten den Anfang unserer Arbeitssitzungen stets gleich. Herr L. hatte dies angefangen und wir fanden beide, dass es eine gute Vorbereitung auf die folgende „Arbeit“ sei. Wir richteten gemeinsam die Materialien, die wir brauchen würden. Dann schloss Herr L. beide Türen des Zimmers und sagte: „So, jetzt sind wir unter uns.“
Damit war der Beginn des Treffens eingeläutet und wir begannen mit unserer Arbeit.

Während der Treffen sollten Störungen von außen möglichst vermieden werden. Sie lenken ab und erschweren die Erinnerungsarbeit. Jedem Treffen sollte eine Planung zugrunde liegen, damit immer Material und Methoden vorhanden sind. Allerdings muss jede Planung flexibel bleiben und sich an die Bedürfnisse des geistig behinderten Gesprächspartners anpassen. Zeitdruck sollte es nach Möglichkeit nicht geben, da dies zu einer angespannten Atmosphäre und als Folge zu Blockaden führen kann. Wichtig ist, dass der geistig behinderte Mensch ein Treffen ohne seelische Anspannung verlässt. Deshalb sollte es, wie bei einem Gruppenseminar auch, ein Methodenrepertoire zum Ausklang geben. Es wird immer wieder geschehen, dass der behinderte Mensch durch bestimmte Erinnerungen traurig, wütend oder niedergeschlagen ist. Mit diesen Gefühlen sollte aber ein Treffen nie beendet werden. Sie müssen aufgefangen werden, damit die gemeinsame Sitzung entspannt und gelöst verlassen werden kann.

Beispiel:
Das Reden über seine Familie fiel Herrn A. schwer. Zum einen konnte er sich nur schemenhaft erinnern und zum anderen wurde er nach eigener Aussage „weggeschafft“ und in einem Heim untergebracht. Verständlicherweise war Herr A. deshalb am Ende der Sitzung niedergeschlagen und wollte auch nicht mehr recht darüber reden. Deshalb habe ich ihm einen Spaziergang um das Haus herum vorgeschlagen. Damit war Herr A. einverstanden. Während des Spaziergangs unterhielten wir uns über alltägliche Dinge, z.B. seinen heutigen Arbeitstag und was wir beide noch so vorhaben für heute. Am Ende unseres Spaziergangs war Herr A. mit den

Gedanken wieder in der Gegenwart und nicht mehr bei der belastenden Vergangenheit.

Anforderungen an die Moderatoren

Biografiearbeit kann und sollte natürlich auch im Alltag stattfinden. Wir haben aber während unseres Modellprojekts Biografiearbeit in erster Linie als Erwachsenenbildung verstanden und durchgeführt. Die Aufgabe des Erwachsenenbildners bestand in der Moderation der Biografiearbeit (vgl. Kap. 1). Folgende Qualifikationen sind unserer Erfahrung nach wichtig, um den Aufgaben der Moderation in der Arbeit mit einzelnen Personen gerecht zu werden.

Empathie

Gerade geistig behinderten Menschen fällt es oftmals schwer, ihre Erinnerungen und Gefühle zu verbalisieren. Deshalb ist es notwendig, genau zuzuhören und auch auf die „Zwischentöne" zu achten. Vielleicht spricht dieser Mensch gerade zum ersten Mal über dieses Erlebnis oder seine Gefühle. Man sollte sich nicht scheuen, die gewonnenen Eindrücke zu deuten und daraufhin nachzufragen. Allerdings muss man darauf achten, dass man seinem Gegenüber keine Aussagen in den Mund legt. Es kommt darauf an, sich in die Geschichte des geistig behinderten Menschen einzufühlen und zu verstehen, was dieser zum Ausdruck bringen möchte, sei es verbal oder nonverbal.

Echtheit

Bei der Biografiearbeit erwarten wir von unserem Gesprächspartner, dass er sich öffnet und mit uns über sein Leben spricht. Deshalb ist es notwendig, dass auch der Moderator offen ist. Es ist durchaus möglich, dass der geistig behinderte Mensch Gegenfragen stellt. Man sollte also ebenfalls dazu bereit sein, über das eigene Leben zu reden. Möchte man aber bestimmte Fragen nicht beantworten oder über gewisse Dinge nicht reden, so sollte man dies offen aussprechen. Natürlich steht dem Gesprächspartner dieses Recht ebenfalls zu. Wichtig ist, dass der geistig behinderte Mensch sein Gegenüber als echte Person erfährt, die ihm die gleiche Offenheit entgegenbringt, die von ihm erwartet wird.

Vertrauensverhältnis aufbauen

Damit ein Mensch sich einem anderen gegenüber vertrauensvoll öffnen kann, muss er das Gefühl haben, dass sein Gegenüber ihn akzeptiert und ihn mag – so wie er ist. Zwischen dem Moderator und dem behinderte Menschen muss ein Vertrauensverhältnis entstehen. Dies ist nur möglich, wenn sich dieser angenommen fühlt und sein Gesprächspartner ihm mit Wärme und Menschlichkeit begegnet. Das Verhältnis beider Seiten kann nicht rein sachlich sein. Zum Gelingen der biografischen Arbeit muss sich auch eine gewisse emotionale Bindung entwickeln. Sie hilft dem Menschen mit geistiger Behinderung beim Umgang mit seiner Lebensgeschichte und dem Moderator bei der Interpretation und der Impulsgebung.

Grenzen erkennen

Das auf Nähe und Vertrauen aufgebaute Arbeitsverhältnis zwischen dem behinderten Menschen und dem Moderator darf bei diesem nicht dazu führen, dass die Emotionen des Gesprächspartners übernommen werden. Die Moderatoren dürfen sich nicht in die Lebensgeschichte ihres Gegenübers „hineinziehen“ lassen. Es muss ihnen außerdem klar sein, dass durch die Biografiearbeit die Konflikte und Brüche aus der Vergangenheit des geistig behinderten Menschen nicht „geheilt“ werden können. Biografiearbeit ist also keine Therapie, sondern Bildungsarbeit mit dem Ziel, die biografische Kompetenz des geistig behinderten Menschen zu verbessern.

Methodenkompetenz

Unserer Erfahrung nach wird es selten so sein, dass sich Erinnerungen an lange Zurückliegendes oder einzelne Ereignisse ohne entsprechende Impulse einstellen. Gerade Menschen mit geistiger Behinderung fällt es schwer, ihre Erinnerungen zu ordnen und zu verbalisieren. Oft überwiegen bei den Erinnerungen auch die damals empfundenen Emotionen und nicht der genaue Verlauf einer Begebenheit. Deshalb ist es wichtig, entsprechende Anstöße zu geben. Diese Erinnerungsanstöße lassen sich am besten durch verschiedene Methoden erzeugen. Erwachsenenbildner, die mit einem geistig behinderten Menschen biografisch arbeiten möchten, sollten sich deshalb schon im Vorfeld mit verschiedenen biografischen Methoden vertraut machen. Es ist sehr individuell, welche Methode bei einem Menschen einen Impuls zum Erinnern auslöst. Deshalb sollten möglichst viele unterschiedliche Methoden beherrscht werden. So gestaltet sich zum einen das Arbeiten abwechslungsreicher und zum anderen entsteht ein breites Spektrum an Erinnerungsimpulsen.

Methoden für die Einzelarbeit

Bei der biografischen Einzelarbeit können im Großen und Ganzen (leicht abgewandelt) fast alle Methoden, die auch bei der Gruppenarbeit verwendet werden, zur Anwendung kommen.

Es gibt jedoch auch einige Methoden, deren Einsatz nur oder gerade bei der Einzelarbeit zu empfehlen ist. Auf drei dieser Methoden soll im Folgenden kurz eingegangen werden.

Das Tagebuch (⇨ M 22)
Diese Methode ist dadurch gekennzeichnet, dass sie keine Biografiearbeit im Sinne eines Rückblicks darstellt, sondern sich auf die Gegenwart bezieht. Lebensgeschichte wird eben auch im Hier und Jetzt erlebt und konstruiert. Gegenwärtiges ist leichter zu erinnern und bietet in der gemeinsamen Arbeit schnelle „Erfolgserlebnisse“. Nicht nur das Vergangene kann so als wichtig und berichtenswert erfahren werden.

Unserer Erfahrung nach ist es zu empfehlen, die Gegenwart entweder in Form eines kompletten Themenblocks oder kurz innerhalb jeder Sitzung zum Gegenstand der gemeinsamen Arbeit zu machen.

Das Tagebuch in seinen verschiedenen Formen kann hierbei ein gutes Mittel sein, das in jüngerer Zeit Erlebte mit dem geistig behinderten Menschen festzuhalten. Dabei kann z.B. über die Erlebnisse zwischen den einzelnen Sitzungen gesprochen werden, es kann aber auch die gesamte gemeinsame Arbeit in Form eines Tagebuchs festgehalten werden. Diese Form des Tagebuchs bietet die Möglichkeit, das bisher Erarbeitete gemeinsam Revue passieren zu lassen.

Beispiel:
Da bei der gemeinsamen Arbeit mit Frau C. schnell deutlich wurde, dass sie besonders mit ihrer jüngeren Vergangenheit positive Erinnerungen verbindet, wollte ich vor allem ihr jetziges Leben in greifbarer Form festhalten. Dazu gehörte auch unser gemeinsames biografisches Arbeiten. Daher schlug ich ihr bei unserem dritten Treffen vor, unsere Treffen auf Video festzuhalten. Die Aufnahmen wollte ich dann überarbeiten und nach Abschluss der Einzelarbeit für sie eine Videokassette als Andenken daran erstellen.
Nachdem ich ihr kurz die Videokamera gezeigt und ihre Funktion erklärt hatte, zeigte sich Frau C. sehr begeistert von dieser Idee. Sie wollte aber versichert wissen, dass nur sie anderen Personen das Bildmaterial vorführen dürfte.
Seitdem hielten wir unsere Treffen regelmäßig auf Video fest. Gelegentlich schauten wir uns einzelne Ausschnitte auch bei weiteren Treffen an. Wenn es zum Thema passte, nutzte ich dies auch gezielt, um Zusammenhänge zwischen einzelnen Erinnerungen deutlich zu machen oder Anregungen für die weitere Arbeit zu geben.

Leben aufräumen (⇨ M 11)
Da man bei dieser Methode in einen intimen Bereich des Lebens des Menschen mit geistiger Behinderung eindringt (das eigene Zimmer), ist Freiwilligkeit und ein Vertrauensverhältnis unbedingte Voraussetzung für deren Anwendung. Die aktive Rolle hat hier der geistig behinderte Mensch; er entscheidet, welche Gegenstände herausgegriffen und thematisiert werden. Die Moderatorin ist Gast; sie sollte nur Anstöße und Hilfestellungen geben.

Soll diese Arbeit in irgendeiner Form festgehalten werden, so bieten sich hierbei insbesondere Tonband- oder Videoaufzeichnungen an.

Beispiel:
Im Rahmen des Themenblocks „Wohnen“ zeigte mir Frau M. ihr Zimmer, wobei mir eine gewaltige Stofftiersammlung auf ihrer Fensterbank auffiel. Als ich sie darauf ansprach, meinte sie, sie müsse wegen der anstehenden Reinigung der Fenster die Sammlung demnächst wegräumen. Dies griff ich auf, indem ich ihr meine Hilfe beim „Wiedereinrichten“ dieser Sammlung anbot, denn dabei könnte sie mir ja einiges über die verschiedenen Stofftiere erzählen. Frau M. war einverstanden, meinte jedoch, dass dies viel Zeit kosten würde. Daher einigten wir uns darauf, dass sie an diesem Tag Urlaub nehmen und wir uns schon vormittags anstatt erst am frühen Nachmittag treffen würden.
Die Arbeit organisierten wir so, dass ich Frau M. die Tiere nach ihrer Auswahl reichte (sie lagen auf fast jeder freien Fläche im Zimmer), worauf sie diese dann auf ihren angestammten Platz auf der Fensterbank platzierte. Dabei stellte ich ihr anfangs zu einigen Tieren gezielt Fragen, um Erinnerungen anzuregen (z.B. woher ein Tier stammt). Zu den meisten Plüschtieren konnte sie hierzu keine besonderen Angaben machen; sie habe sie eben gekauft. Ab und an erzählte sie aber auch mehr zu einem Plüschtier und durch gezieltes Weiterfragen meinerseits kamen sogar kleinere Geschichten aus Frau M.'s Leben zusammen.
Die Arbeit unterbrachen wir nach ca. einer Stunde für eine kleine Pause, wobei Frau M. jedoch keine Schwierigkeiten hatte, danach die Arbeit wieder konzentriert weiterzuführen. Sie hatte offensichtlich recht viel Spaß daran.
Gegen Ende der Arbeit, sie hatte schon mehrer Lagen Tiere übereinandergestapelt, kamen die besonderen „Stücke“ an die Reihe. Diese wurden ganz oben platziert, „damit sie gut zu sehen sind“. Zu diesen konnte sie dann auch sehr viel erzählen. Nach ca. anderthalb Stunden endete die „Aufräumarbeit“. Eine weitere Pause war nicht nötig.
Zur Dokumentation unserer Arbeit machte ich einige Fotos, die kommentiert zu einem Plakat zusammengestellt wurden (⇨ M 2).

Briefe (⇨ M 6)
Bei dieser Methode können sehr persönliche Teile der Lebensgeschichte zum Thema werden. Daher ist sie unserer Meinung nach nur für den privaten Rahmen der Einzelarbeit geeignet.

Hier bietet sich eine gute Möglichkeit, abstraktes Erinnerungsmaterial (Geschriebenes bei Menschen ohne Lesefähigkeit) in eine Form zu überführen, die es Menschen mit geistiger Behinderung möglich macht, Teile der eigenen Lebensgeschichte leichter zu erfassen und damit auch erinnern zu können. Es lassen sich neue Formen von „Andenken" schaffen (Tonbänder, Bilder usw.), die dann auch nach der gemeinsamen Arbeit eine selbstständige Auseinandersetzung mit der eigenen Geschichte zulassen.

Den Ausstieg vorbereiten

Nähert sich die gemeinsame Arbeit dem Ende, sollte der Ausstieg aus der Einzelarbeit geplant und behutsam umgesetzt werden. Unserer Erfahrung nach ist es sinnvoll, die letzten Sitzungen nicht mehr mit intensiver Erinnerungsarbeit zu gestalten, sondern über spielerische Methoden (besonders assoziative Erinnerungsanregungen oder aktivitätsorientiertes Arbeiten) das biografische Arbeiten langsam ausklingen zu lassen.

Spätestens jetzt sollten unvollendete „Andenken" gemeinsam fertiggestellt und, wenn vorher so geplant, in den Rahmen eines Archivs (⇨ M 2) eingefügt werden.

Es ist zu vermeiden, die Arbeit an einem Thema unter Zeitdruck abbrechen zu müssen oder ein Andenken unvollendet zu lassen.

Gerade während dieser letzten Treffen besteht auch eine gute Möglichkeit, mit dem behinderten Menschen den selbstständigen Umgang mit der eigenen Lebensgeschichte einzuüben. Durch gemeinsames Durchschauen der erarbeiteten Materialien und Rückschau auf die angesprochenen Themen kann jetzt nochmals deutlich gemacht werden, dass die Auseinandersetzung mit der eigenen Vergangenheit nicht mit dem letzten Treffen enden muss. Es gilt Anregungen zu geben, immer wieder selbstständig die Andenken herauszuholen und zu nutzen oder diese auch mit vertrauten Menschen zu teilen.

Sollte der geistig behinderte Mensch dies wünschen, so kann eines dieser letzten Treffen auch dazu genutzt werden, solch eine vertraute Person einzuladen. So kann z.B. im Rahmen eines gemeinsamen Kaffeetrinkens über die festgehaltenen Erinnerungen und die dazugehörigen Geschichten gesprochen werden.

Generell sollte jetzt der geistig behinderte Mensch nochmals konkret auf das nahende Ende der gemeinsamen biografischen Arbeit hingewiesen werden (auch mit der Angabe des Termins des letzten Treffens).

Wurde am Anfang der gemeinsamen Arbeit keine genaue Anzahl von Treffen abgesprochen, kann es sinnvoll sein, die Intervalle der gemeinsamen Zusammenkünfte zu vergrößern. So kann zusätzlich deutlich gemacht werden, dass sich die gemeinsame Arbeit dem Ende nähert und in absehbarer Zukunft keine Treffen mehr stattfinden.

> *Beispiel:*
> Die Treffen mit Herrn G. näherten sich langsam dem Ende. Wir hatten vereinbart, dass wir die letzten Sitzungen damit verbringen werden, seinen Geburtsort zu besuchen (⇨ M 18). Vorher hatte ich geplant, einen ganzen Tag mit Herrn G. zu verbringen und dabei unsere Arbeiten abzuschließen sowie die Fahrt zu planen und vorzubereiten. Den Ausflug wollten wir in Form von Fotos und Videoaufzeichnungen dokumentieren. Deshalb hatte ich mit Herrn G. abgesprochen, dass wir uns nach den Fahrten noch einmal treffen, um Fotos einzukleben und die Videoaufzeichnungen anzuschauen.
> Zu diesem Zeitpunkt wusste ich nicht, ob ihm bewusst war, dass unsere Zusammenarbeit demnächst endgültig endet. Daher erinnerte ich ihn während unserer letzten Treffen immer wieder daran.
> Enden sollte das Ganze mit einem gemeinsamen Essen in einem Restaurant nach Herrn G.'s Wahl.

Das letzte Treffen

Das letzte Treffen sollte dazu genutzt werden, sich voneinander zu verabschieden und deutlich zu machen, dass die gemeinsame Arbeit hiermit endet. Dies gelingt unserer Erfahrung nach am besten durch eine gemeinsame Unternehmung, die keinen biografischen Hintergrund hat (z.B. Essen gehen oder eine Abschlussfeier).

Die gemeinsame Arbeit an der Lebensgeschichte des Menschen mit geistiger Behinderung ist nun abgeschlossen. Nur ein Rückblick auf die Zusammenarbeit und das Betrachten der entstandenen Andenken ist jetzt noch sinnvoll. Dazu dürfen, wie erwähnt, keine offenen Vorhaben und unfertige Arbeiten vorhanden sein. Bei der Planung des letzten Treffens sollte dies berücksichtigt werden.

Damit der geistig behinderte Mensch mit seinen neuen Erfahrungen und Wünschen nicht alleine bleibt, kann es sinnvoll sein, Angehörige, Freunde oder Bezugsbetreuer spätestens jetzt mit einzubeziehen. Hier können z.B. Ratschläge zur Fortsetzung des biografischen Arbeitens im privaten Umfeld gegeben werden.

Den Angehörigen und professionellen Begleitern sollte auch nach Abschluss des biografischen Arbeitens die Möglichkeit der Kontaktaufnahme angeboten werden, um bei eventuell auftretenden Krisen, die im Zusammenhang mit der biografischen Arbeit zu sehen sind, einen Ansprechpartner zu haben.

Gegenwartsbezug und Biografiearbeit im Alltag

Wie bereits erwähnt, sollte bei der gemeinsamen Arbeit der Bereich „Gegenwart“ sehr ausführlich behandelt werden. Neben dem möglichen Vergleich „damals – heute“ und dem leichteren Erinnern, kann die Beschäftigung mit dem hier und heute und dem Festhalten des jetzigen Lebens das Erinnern in der Zukunft erleichtern. Bei der Biografiearbeit ist es also nicht nur wichtig, das vergangene Leben aufzuarbeiten und durch die Dokumentation greifbarer zu machen. Es soll auch der Umgang mit der aktuellen Lebensgeschichte eingeübt werden. So können z.B. Fotoalben des eigenen Zuhauses oder des Arbeitsplatzes angelegt werden. Oder die eigene Person (Äußerlichkeiten, Charakter und Gefühle ⇨ M 13, Gefühlskarten ⇨ M 10) kann ausführlich in einem Porträt festgehalten werden. Im Gegensatz zu der oft nur unzureichend oder gar nicht dokumentierten zurückliegenden Lebensgeschichte kann so eine Basis für das weitere Bewahren des eigenen Lebens geschaffen werden. Wird diese Form der Dokumentation Jahre später für den gleichen Bereich nochmals verwandt, sind Vergleiche viel einfacher und ohne anstrengende Rekonstruktion möglich.

Auch der vorher angesprochene Aspekt der Fortführung der gemeinsamen Arbeit durch das Umfeld des behinderten Menschen ist in dieser Hinsicht als bedeutsam anzusehen. Eine Einbindung dieser Personen bietet sich besonders beim Thema „Gegenwart“ an. Der Umgang mit den erarbeiteten Andenken kann so bereits während der gemeinsamen Arbeit eingeübt werden.

Das Umfeld (Angehörige, Freunde, professionelle Begleiter) geistig behinderter Menschen sollte aber auch gezielt Anregung zum biografischen Arbeiten im Alltag erhalten. Biografiearbeit versteht sich zwar als Angebot der Erwachsenenbildung und findet daher in einem speziellen Rahmen statt. Der Alltag bietet jedoch ebenfalls viele Situationen und Anreize für Gespräche über die Vergangenheit, Gegenwart und Zukunft. Diese Möglichkeiten aufzugreifen und zu nutzen ist gerade im Rahmen von biografischer Einzelarbeit sehr gut möglich, da sie meist im häuslichen Rahmen stattfindet und der Kontakt zum Lebensumfeld leicht herzustellen ist.

Eine Einbindung der Angehörigen und der professionellen Begleiter ist in vielerlei Hinsicht von Vorteil. Trotzdem sollte auch hierbei der Aspekt der Freiwilligkeit des geistig behinderten Menschen oberste Priorität haben. Selbst wenn es noch so sinnvoll scheint, Angehörige und professionelle Begleiter in die Arbeit mit einzubeziehen, muss eine ablehnende Haltung gegenüber dieser Möglichkeit respektiert werden.

4. Geistig behinderte Menschen mit demenziellen Erkrankungen – Annäherungsmöglichkeiten über die Biografie[5]

Welche Hilfen bietet uns die Biografie, um Zugang zu geistig behinderten Menschen zu finden, die demenziell erkrankt sind? Was überhaupt ändert sich an der Betreuung mit dem Einsetzen einer Demenz? Dies sind Fragen, die noch kaum beantwortet sind, wenn sich auch die Praxis der Behindertenarbeit mehr und mehr mit den Auswirkungen demenzieller Veränderungen konfrontiert sieht (vgl. z.B. Theunissen 1999, Lingg/Theunissen 1999). Wir möchten daher mit einem Beispiel von Noelle Blackman beginnen, die bei ihrer biografischen Arbeit mit geistig behinderten Menschen in England auch demenziell Erkrankte einbezieht:

> Einmal arbeitete ich mit einer kleinen Gruppe von geistig behinderten Menschen in einer Langzeitklinik. Sie alle hatten über dreißig Jahre in dieser Einrichtung verbracht. Die Gruppe bestand aus zwei Männern und zwei Frauen. Jack, der demenziell erkrankt war, zeigte beträchtliche Unruhe. Ständig wanderte er herum, kam aber immer wieder zu uns zurück. Ben war seit Geburt stark sehbehindert. Jane hatte das Down Syndrom und Ann eine leichtere Lernbehinderung. Eine Kollegin und ich arbeiteten zusammen mit zwei Betreuungskräften des Wohnbereichs. Eines unsere Ziele war, die Mitarbeiterinnen mit den Methoden der Erinnerungspflege vertraut zu machen, damit sie zukünftig selbst entsprechende Angebote durchführen konnten. Wir trafen uns insgesamt acht Mal.

5 Dieser Beitrag stammt von Angelika Trilling unter Mitarbeit von Noelle Blackman.

Das erste Zusammensein verlief reichlich chaotisch. Jack wanderte die ganze Zeit hin und her, und wollte sich nicht zu den anderen setzen. Die Erinnerungsgegenstände, die wir für die Teilnehmer mitgebracht hatten, übten allerdings großen Reiz auf ihn aus. Er steckte ein, was immer er in die Hände bekam und marschierte davon. Es war schwer einzuschätzen, ob es sich hier um eine Auswirkung der Demenz handelte oder ob dieses Verhalten mit der ursprünglichen geistigen Behinderung zusammenhing. Vielleicht war es einfach auch die Folge der langen Institutionalisierung. Möglicherweise kam alles zusammen.

Um Jack etwas zu bremsen, befestigten wir das nächste Mal die Gegenstände an einem langen Band, das an den Enden zusammengeknüpft war. Als wir uns in einen Kreis setzten, konnte jeder einen Gegenstand in Händen halten; nach und nach reichten wir das Band weiter. Da die Objekte Jack nach wie vor faszinierten, blieb er immer länger bei uns sitzen.

Wir nahmen uns viel Zeit, mit den Teilnehmern unsere Arbeitsweise zu verabreden. So stellten wir gemeinsam eine Themenliste auf, bei der „Feste feiern“ und „Ferien“ ganz oben standen. Damit beim Erzählen jeder an die Reihe kommen konnte, führten wir den „Erzähl-Stab“ ein. Wer ihn in Händen hielt, durfte reden, und wer dran kommen wollte, musste warten, bis er im Besitz des Stabes war. Dies gab vor allem dem sehbehinderten Ben Sicherheit im Gruppengeschehen.

Ein Treffen fiel in die Osterzeit und so dekorierten wir gemeinsam ausgeblasene Eier und hängten sie an einen Osterbaum. Selbst Jack bemalte mit einiger Unterstützung ein Ei. Die Gruppe war sehr stolz auf ihr Werk und lud andere Bewohner und die Mitarbeiter ein, den Baum zu bewundern. Während wir derart tätig waren, erzählten die Gruppenmitglieder von Frühlingserlebnissen.

Auf große Zustimmung stieß der Themenvorschlag Geburtstag. Für Menschen, die in Institutionen leben, hat ein Geburtstag besondere Bedeutung, können sie sich an diesem Tag doch einmal aus der Gruppe herausgehoben fühlen.

Wir brachten zum „Geburtstags"-Treffen einen großen leeren Karton mit, der hübsch eingepackt war und den eine große Schleife zierte. Ferner gab es eine Reihe von Gegenständen, die als Geschenke in den Karton gepackt werden konnten. Der Karton wurde von einem zum anderen gereicht und jeder erzählte von einem für ihn besonders wichtigen Geschenk. Auch unerfüllt gebliebene Wünsche kamen zur Sprache. Wem es schwer fiel, etwas aus der bloßen Vorstellung zu beschreiben, nutzte die Dinge, die wir mitgebracht hatten. Alle waren mit Begeisterung bei der Sache, und am Ende aßen wir miteinander Kuchen. Zuvor zündeten wir Kerzen an und sangen „Happy Birthday".

Jack schaute interessiert zu und aß ein bisschen Kuchen. Von Treffen zu Treffen hielt er es länger bei uns aus und nahm viel Anteil an dem, was vorging. Allerdings war es ihm nicht immer möglich, sich aktiv zu beteiligen.

Einige Informationen zur Demenz

Bei Demenzen handelt es sich um neurologische Abbauprozesse, die nach und nach das Gehirn in seiner Leistungsfähigkeit beeinträchtigen. Demenzen können unterschiedliche Ursachen haben und sind bis heute nicht heilbar. Durch Medikamente können das Fortschreiten des Abbauprozesses und belastende Auswirkungen – wie etwa depressive Verstimmungen und Wahnvorstellungen – abgeschwächt werden. Vor allem aber hilft den Erkrankten ein unterstützendes Umfeld, das die Symptome mildert und individuelle Begleitung ermöglicht.

Aufgrund ihres Prozesscharakters teilt man die Demenzen in drei Stufen ein, die sich durch den Grad der Einschränkungen unterscheiden und entsprechend differenzierte Unterstützungsangebote erfordern:

In der *Anfangsphase* sind sich die Erkrankten der Veränderungen, die sie erleiden, durchaus bewusst. Der Verlust an Orientierungsvermögen verstört sie und sie schämen sich der Fehler, die ihnen unterlaufen. Zusätzlichen Stress bereiten sie sich, wenn sie versuchen, ihr Versagen zu vertuschen. Wichtiges Ziel der Betreuung in dieser Phase ist es, Misserfolgserlebnisse zu vermeiden und über peinliche Situationen hinwegzuhelfen. Zunehmend setzt sich die Überzeugung durch, dass die Erkrankten über Diagnose und Symptomatik informiert sein sollten. Damit nimmt man ihnen zumindest einen Teil der Angst, die sich angesichts unerklärlicher Situationen einstellt.

In der *mittleren Phase* der Demenz leben die Erkrankten über weite Strecken in ihrer eigenen (Traum-)Welt. Oft glauben sie sich jung und leistungsfähig und in einer viel früheren Lebensphase; sie wollen dann dringend die damals erforderlichen Aufgaben erledigen (etwa der längst verstorbenen Mutter helfen oder zur Arbeit gehen). Damit einher geht oft ein ausgeprägter Bewegungsdrang. Die Erkrankten brauchen also viel Freiraum und eine Begleitung, die sie diskret schützt, wenn sie eigene Fähigkeiten oder äußere Gefahren falsch einschätzen. Störungen der Wahrnehmung können ausgeglichen werden durch helle und blendfreie Beleuchtung, durch klare farbliche Gliederung der Räume und subjektiv bedeutsame Orientierungshilfen. Damit vermeidet man Stürze und Wahnvorstellungen (vgl. Wojnar 2001, 34f.).

In der *dritten Phase* der Demenz werden ganz existenzielle Fähigkeiten wie das Essen und die Fortbewegung „vergessen". Eine Verständigung über Worte ist kaum noch möglich, doch die menschliche Stimme, die Berührung und vor allem die Musik gewährleisten – wie man auch aus der Begleitung schwerst Behinderter und Sterbender weiß – bis zuletzt die Beziehung zur Umwelt.

Demenzielle Erkrankungen bei geistig behinderten Menschen

Menschen mit Down Syndrom können bereits zwischen dem 40. und 50. Lebensjahr an Alzheimer erkranken (vgl. Ehrmann 1992; Holland 1995; Weber 1997). Zudem leiden sie oft an vaskulären Störungen, so dass auch diese Form der Demenz bei ihnen gehäuft vorkommt.

Die bei manchen Formen der geistigen Behinderung früh und wiederholt auftretenden Kopfverletzungen können zu Schädigungen führen, die eine Demenz begünstigen. Auch epileptische Anfälle beeinträchtigen das Gehirn und lassen demenzielle Erkrankungen wahrscheinlich werden.

Die in der einleitenden Geschichte bei Jack geschilderte Unruhe, die sich auf das Gruppenangebot so störend auswirkt, ist typisch für das zweite Stadium einer Demenz.

Anzeichen für eine beginnende Demenz kann sein, dass es den Erkrankten auf einmal schwer fällt, auf Bitten oder Fragen angemessen zu reagieren. Vielleicht zeigen sie plötzlich Hemmungen, eine Treppe zu steigen oder allein den Bus zu benutzen. Anhaltspunkte können auch eine unerklärliche Ängstlichkeit, Weinen oder bisher nie gezeigte aggressive Äußerungen oder Rückzugstendenzen sein.

Was hilft geistig behinderten Menschen mit Demenz (und denen, die sie betreuen)?

Geistig behinderte Menschen führen ein begleitetes Leben – sei es in der Familie, bei der Arbeit in einer Werkstatt oder in betreuten Wohnformen. Ihr Umfeld ist darauf eingestellt, abweichendes Verhalten und geringes Leistungsvermögen zu tolerieren und zu kompensieren.

Allerdings verfügen Menschen mit einer „Normalbiografie" über andere Ressourcen als Menschen mit geistiger Behinderung. So weisen Untersuchungen darauf hin, dass geistig trainierte Personen lange die Auswirkungen einer Demenz ausgleichen können. Fertigkeiten, die in anspruchsvoller Berufstätigkeit erworben wurden, bleiben lange erhalten. Jahrzehntelang praktizierte Umgangsformen bieten trotz dramatischer Einbußen ein Gerüst, das Orientierungsverluste verdecken hilft. Zugewandte Ehepartner und fürsorgliche Kinder schaffen zudem oft eine Atmosphäre der Geborgenheit in der vertrauten Umgebung.

Die heute alten Menschen mit geistiger Behinderung haben ein solche „Normalbiografie" selten erlebt; ihr Leben war häufig gekennzeichnet durch frühe Institutionalisierung, Beziehungsabbrüche, Fehlen angemessener Bildung und Beschäftigung (vgl. Wieland 1995, 1996; Theunissen 2002).

Zu den Grundaussagen der Gerontopsychiatrie gehört, dass jede Demenz anderes verläuft und sich anders äußert. Das von Tom Kitwood, einem der Pioniere der angewandten Demenzforschung in Großbritannien, entwickelte Konzept der „positiven Demenzpflege“ lässt sich allerdings als Handlungsrahmen beim Umgang mit allen demenziell Erkrankten nutzen. Positive Demenzpflege ist kompetenzorientiert und sucht durch „personenorientierte“ Betreuung individuellen Zugang zum Einzelnen und seinen verbliebenen Ressourcen zu finden.

Kitwood sieht die Bedürfnisse von Menschen mit Demenz als fünf große, einander überlappende Felder, die sich im zentralen „Bedürfnis nach Liebe“ vereinen (vgl. Kitwood 2001, 121ff.).

Er nennt zuerst den *Trost.* Demenziell Erkrankte brauchen Linderung des Schmerzes, der aus der Erfahrung von Verlust und Versagen erwächst. Trost erfahren sie am ehesten in der Nähe zu andern und durch die Wärme, die hieraus erwächst. Eine vielfach unterschätzte Ressource ist der Humor. Fast alle demenziell Erkrankten lachen gerne. Mit etwas Phantasie lassen sie sich auch nach schwierigen Erfahrungen zur Fröhlichkeit „verleiten“. Voraussetzung ist natürlich, dass auch Betreuer wie das Umfeld über die Schlüsselqualifikation „Humor“ verfügen (vgl. Lotze 2003).

Als zweites geht es um die *primäre Bindung,* wie sie Kinder vom ersten Tag an brauchen, um lebensfähig zu sein. In einem Netz von sozialen Beziehungen entwickeln sie Zukunftsoffenheit. Mit der Demenz verschwinden diese Sicherheiten und müssen immer wieder im Kontakt mit anderen neu hergestellt werden. In der Demenz gehen viele der sozialen Schranken verloren, die uns im Erwachsenenalter oft behindern. Selbst lebenslang eher distanzierte Menschen drücken unter dem Einfluss der Erkrankung mit einem Mal sehr direkt ihre Wünsche nach Zuneigung und Fürsorge aus.

Mit der Demenz werden neben den positiven auch dramatische Erfahrungen reaktiviert. Verhaltensweisen tauchen (wieder) auf, die in früheren Situationen hilfreich und rettend waren, heute aber dysfunktional geworden sind. Ein Phänomen der Altenpflege ist der „schreiende Patient“, der viele Stunden am Tag damit verbringt, „Hallo“ zu rufen – ein meist zum Scheitern verurteilter Versuch, Bindung herzustellen.

Das dritte Bedürfnis, das Kitwood benennt, ist die *Einbeziehung*. Teil einer Gruppe zu sein, ist menschheitsgeschichtlich ein entscheidendes Kriterium des Überlebens. Trotz demenzieller Beeinträchtigungen besteht der Wunsch fort, mit anderen zusammen zu sein. Aus eigener Kraft und mit persönlichem Gestaltungsvermögen kann dies allerdings kaum noch angemessen umgesetzt werden. Das mag sich dann im sogenannten aufmerksamkeitsheischenden Verhalten äußern, in der Neigung zum Anklammern oder ziellosen Umhergehen. Die Betreuungsangebote in Altenpflege und Behindertenarbeit bieten den Menschen zwar viel Zeit in Gruppen, nicht immer aber die zureichenden Hilfen zur emotionalen Beteiligung.

Als viertes beschreibt Kitwood die *Beschäftigung*. Auch demenziell Erkrankte möchten durch eigenes Tätigsein eine Wirkung in der – in ihrer – Welt auslösen. Sie wollen sich im Marx'schen Sinne durch Arbeit „entäußern“ und zudem „gebraucht werden“. Viele (gesunde) Menschen erleben bereits das Ausscheiden aus dem Erwerbsleben als belastende Zäsur, da ihnen der vertraute Rahmen der Beschäftigung abhanden gekommen ist. Umso schwieriger wird es, das Bedürfnis nach Tätigsein zu befriedigen, wenn folgerichtiges Handeln kaum noch möglich ist und mit einem Betreuungskonzept (in einer Einrichtung oder der Familie) kollidiert, das primär auf „störungsfreie“ Routine und umfassende Versorgung ausgerichtet ist.

> Eine Ehefrau pflegte ihren demenzkranken Mann mit großer Fürsorglichkeit und leistete liebevoll alle notwendigen Hilfen (und vielleicht noch ein wenig darüber hinaus). Regelmäßig verlor sie jedoch die Fassung, wenn der Mann sich daran machte, die einst von ihm selbst gebauten Wanduhren aus dem Regal zu nehmen, um sie mit großer Emsigkeit zu zerlegen und manchmal sogar brachial zu zerstören. Ihre Angst, dass er sich verletzen könnte, spielte sicher eine ebenso große Rolle, wie die Befürchtung zusätzlicher Aufräum- oder Reinigungsarbeiten.

Fehlt den Erkrankten eine für sie sinnvoll erscheinende Beschäftigung, stellen sich nicht nur Langeweile und Apathie ein, sie verlieren auch an Selbstwertgefühl und Selbstachtung. Mit jeder praktischen Tätigkeit verbunden ist zudem eine Vielzahl taktiler, optischer und akustischer Erfahrungen, die vor der schwindenden Wahrnehmung des eigenen Körpers und seiner Begrenzungen schützen. Das bei den Erkrankten häufig beobachtbare Nesteln an der eigenen Kleidung, an Tischdecken oder anderen Gegenständen ist Ausdruck dieses „Verlorenseins" in der Welt und ihren Dingen (vgl. Schaade 1998, 34f.).

Fünftes und von Kitwood zuletzt genanntes Bedürfnis ist die *Identität.* Er schreibt: „Identität zu haben, bedeutet zu wissen, wer man ist. Es bedeutet, ein Gefühl der Kontinuität mit der Vergangenheit und demnach eine ‚Geschichte' zu haben, etwas also, das man anderen präsentieren kann." (2001, 125)

Im frühen Stadium der Demenz kann die Aufforderung zu bestimmten Aktivitäten allerdings auch zu Trauer und Wut führen. Zu sehr mögen dabei die nachlassenden Fähigkeiten bewusst werden.

> In einer Gruppe zeichneten die Erkrankten, unterstützt von jeweils einer Betreuungskraft, ihr Elternhaus, um so ins Gespräch über Kindheit und Familie zu kommen. Ein Teilnehmer verweigerte brüsk jede Kooperation: Er hatte einst viel gemalt und wollte sich der Kränkung nicht aussetzen, dass er nun allenfalls „Kindergekrakel" zustande bringen würde. Daraufhin wurden die Rollen getauscht und die Betreuerin zeichnete nach „Diktat", was der Erkrankte noch von seinem Elternhaus wusste.

Ein Großteil der Bedürfnisfelder Kitwoods findet sich auch in den Orientierungsprinzipien für die Arbeit mit geistig behinderten Menschen. Sie können als Bindeglied zu den in der Altenpflege entwickelten Ansätzen der Demenzarbeit verstanden werden.

Vom Nutzen der Biografie für das Leben mit Demenz

Demenziell Erkrankte leben in einer Welt der Erinnerung. Sie agieren gemäß angeborener oder früh eingeübter Muster. Um handlungsfähig zu sein, greifen sie zurück auf erprobte Verhaltensweisen. Diese mögen wenig mit unseren Erwartungen und dem gesellschaftlichen Regeln übereinstimmen, sind jedoch energische Versuche, sich Kompetenz, Selbstachtung und Identität angesichts einer immer unverständlicher werdenden Welt zu bewahren (vgl. Becker 1999, 60f.).

Für die biografische Arbeit mit demenziell Erkrankten haben wir den Begriff der „Erinnerungspflege" geprägt (vgl. Osborn/Schweitzer/Trilling 1997; Trilling u.a. 2001). Er scheint uns gut zu treffen, was im Englischen mit „reminiscence" gemeint ist: das genussvolle und spielerische Schwelgen in der Vergangenheit. Die Pflege der Erinnerungen hat immer eine doppelte Zielrichtung: Sie ist Recherche in die Vergangenheit, um das Verhalten und die Befindlichkeit der Erkrankten deuten zu können. Und sie liefert die Inhalte und Formen, mit denen wir in Beziehung treten und über die hinter der Demenz versteckte Welt kommunizieren können. Die Erinnerungspflege bietet die Praxis für die von Kitwood geforderte personenorientierte Pflege und sie bietet sich für den Umgang mit geistig behinderten Menschen an, die an Demenz leiden. Man wird ihre besonderen Kommunikationsmöglichkeiten zu berücksichtigen haben und bei der Erforschung der Lebensgeschichte andere Wege gehen müssen. Oft lassen sich die Lebenswege aufgrund langjährig geführter Betreuungsakten rekonstruieren und vielfach leben die Betroffenen mit Personen zusammen, mit denen sie einst zur Schule oder Werkstatt gingen. In den Dokumentationen von Einrichtungen der Behindertenhilfe wird man auf Verbindungen zu den individuellen Biografien der Bewohner stoßen. Die Ergebnisse der Erinnerungspflege wiederum können auch bei den Einrichtungen selbst auf Interesse stoßen.

Zur Praxis der Erinnerungspflege

Ein wichtiges Ziel der Erinnerungspflege mit demenziell erkrankten Menschen ist es, „Material“ zu erzeugen, das hilft, subjektiv bedeutsame Erinnerungen vor dem Vergessen zu bewahren. Das „Erinnerungsprodukt“ gewinnt damit eine eigene Bedeutung. So berichtet Barbara Haight von einer alten Dame, die das mit ihr erstellte „Lebensbuch“ stets bei sich trug und es mit der Begründung: „Hier ist alles drin von mir!“ gerne vorzeigte (Haight 1998).

Erinnerungspflege ist angelegt auf „Nachhaltigkeit“: Wenn die eigentlichen Aktivitäten bei den Erkrankten in Vergessenheit geraten sind und die Personen, die ihnen vielleicht bei der Erstellung eines Lebensbuchs halfen, sie längst nicht mehr betreuen, können doch andere Menschen – ob Mitarbeiter, Angehörige oder zufällige Besucher – immer noch darauf Bezug nehmen.

Milieu der Erinnerungen

Versteht man Milieu mit dem Duden als Gesamtheit der „Lebensumstände“, stellen sich an die biografiebezogene Gestaltung aber weitergehende Ansprüche:

Die mit der Demenz verbundene Unruhe führt zu einem Bewegungsdrang, der nach Raum, aber auch nach Struktur verlangt: Flure mit offenen Schränke voll Wäsche oder Bücher, Kleiderhaken mit Mänteln, Schals und Hüten und Nischen mit einer Werkbank oder einem Schreibtisch (Dürrmann 2002, 89f.). Für jeden Bewohner kann man solche Arrangements und Objekte für das Wiedererkennen und das Tätigwerden (er)finden, die an frühere Tätigkeiten oder beobachtete Vorlieben anknüpfen. Diese Milieus verlocken zu Eigentätigkeit und in günstigen Fällen auch zu gemeinsamem Tun. Als „Aktivitätenbegleiter“ werden die Mitarbeiter immer wieder unterstützend und ermunternd eingreifen, bleibt doch die größte Attraktion immer die unmittelbare persönliche Zuwendung.

Solch ein Milieu muss man mit Überzeugung tragen, ertragen und mit den sich ändernden Bedürfnissen und Fähigkeiten der Bewohner fortentwickeln. Unser Verständnis von Ordnung und Ästhetik ist von nachrangiger Bedeutung, wichtiger ist, dass jeder Bewohner die Freiheit hat, in dem ihm gemäßen Milieu zu agieren. Diese Milieugestaltung wird in der Interaktion mit den Bewohnern entwickelt – als Ergebnis von Einzelbetreuung, von Gruppenaktivitäten und der „forschenden" Beschäftigung mit den Lebensläufen.

Die Begegnung mit dem Einzelnen – Einzelarbeit

Erinnern mit Leonard: Leonard war ein Mann Ende sechzig, bei dem Sehstörungen und eine Lernbehinderung diagnostiziert worden waren. Seit dem Tod seiner Mutter, dem letzten überlebenden Elternteil, hatte ihn umgetrieben, dass Verwandte sich des Hauses seiner Mutter bemächtigt und es gänzlich ausgeräumt hatten, ohne dass ihm auch nur ein Gegenstand verblieben war. Was ihn aber am meisten beschäftigte, war ein Modellboot, das lange im Kohlenkeller aufbewahrt worden war. Er hatte es als kleiner Junge mit seinem Vater gebaut, und es brach ihm fast das Herz, dass er nicht wusste, wo dieses Boot jetzt war. Mit dem Einsetzen erster demenzieller Beeinträchtigungen wurde es immer schwieriger, Leonard von der fixen Idee des Bootes abzubringen. Das Boot schien ihn wie ein letzter Rettungsanker vor dem Versinken in das Vergessen zu bewahren.

Wir beschlossen, zusammen eine Kopie dieses Bootes herzustellen, damit Leonard mir zeigen konnte, wie es ausgesehen hatte. Ich besorgte Ton, und während der Arbeit erzählte er mir von seinem Vater und von den gemeinsamen Unternehmungen mit ihm. Voller Zorn sprach er wieder über die anderen Verwandten und erinnerte sich an seine Mutter.

Als das Boot schließlich fertig war, beschloss Leonard, es anzumalen. Er wählte ein leuchtendes Rosa, wahrscheinlich weil die Farbe so hell war, dass er sie gut wahrnehmen konnte. Nachdem wir mit unserer Arbeit fertig waren, nahm er das Boot mit in sein Zimmer. Durch diese kreative Erinnerungsarbeit war es ihm gelungen, eine innere Verbindung zu seinen Eltern herzustellen. Auch glaube ich, dass er mit dem Formen und Kneten seinen Gefühlen von Enttäuschung, Ohnmacht und Wut auf die Verwandten gut Ausdruck verleihen konnte.

Der wiederum von Noelle Blackman geschilderte Erinnerungsprozess weist über die aktuelle Situation hinaus. Die Erinnerungen an das Boot und die Eltern wurden in einem sinnlichen Prozess durch eine neue Erfahrung überformt. Wichtiger als die Trauer über das verloren gegangene Boot wird in Zukunft der Stolz auf das kleine Kunstwerk sein, das Leonard mit seinen eigenen Händen und in einer angenehmen Atmosphäre gelang. Das Produkt dieser intensiven Begegnung wird zu einer Brücke für zukünftige Kontakte. Dank seiner auffälligen Bemalung mag es jeden, der ins Zimmer tritt, zu einem Kommentar oder einer Frage bewegen. Leonard wird Gelegenheit haben, von seinem Vater und den schmerzlichen Verlusten seines Lebens zu sprechen. Vielleicht wird er aber auch davon erzählen, wie er im vorgerückten Alter noch zum Künstler wurde. Schließlich wird er vielleicht nur noch zuhören, wenn andere ihm erzählen, wie hübsch das Boot aussieht und wie stolz er darauf sein kann.

Nicht jedes Erinnerungsangebot wird ein solch eindruckvolles Ergebnis hervorbringen. Immer aber sollten möglichst viele Sinne angesprochen werden. Schön ist es, wenn dabei ein Produkt entsteht, das als weitere Referenz für das gelebte Leben dient.

Erinnern in der Gruppe

Vielfältige Erinnerungen stellen sich bereits ein, wenn man sich in eine Gruppe begibt. Das kann die Familie als die erste Gemeinschaft sein, die wir erfahren haben. Es kann die Gruppe von Schulfreunden sein, mit denen wir nicht nur zusammen lernten, sondern auch ganz bestimmte Formen ritualisierten Verhaltens im Klassenraum und auf dem Pausenhof entwickelten. Wir alle verfügen über Gruppenerfahrungen am Arbeitsplatz, beim Sport oder anderen Aktivitäten. So vervielfältigen sich nicht nur die Assoziationen, sobald sich mehrere Menschen zusammenfinden, auch die Bandbreite der Rollen, die wir einnehmen, und der Aktivitäten, die wir ausüben können, wächst. Gruppen üben daher eine besondere Faszination aus. Natürlich können sie auch eine lebensgeschichtlich begründete Scheu erzeugen und zu Vermeidungsverhalten führen.

Im einleitenden Beispiel wird Jack von dem angezogen, was in der Gruppe geschieht. Doch dauert es einige Zeit, bis er sich tatsächlich beteiligt. Ohne dass er bereits selbst aktiv wird oder ängstigenden Anforderungen nachkommen muss, kann er beobachten und „erschnuppern“, was geschieht.

Dabei scheint die Frage der Gruppengröße von zweitrangiger Bedeutung. Viel wichtiger ist, dass ausreichend Begleiter zur Verfügung stehen, die Orientierung und Sicherheit geben. Dann können auch demenziell Erkrankte mit schwererer Symptomatik von größeren Gruppen profitieren und das ansonsten vielfach beobachtbare „Wegdämmern“ oder das ziellose Umherlaufen wird zumindest zeitweise vermieden. „Lässt man demenziell Erkrankten nicht die erforderliche Energie und Aufmerksamkeit zukommen, werden viele von ihnen nicht dableiben, sie werden einfach aufhören mitzutun, als habe man ihre Stromzufuhr gekappt“ (Bender u.a. 1999, 131). Individuelle Begleitung ist vor allem unverzichtbar, wenn Teilnehmer aufgrund weiterer Einschränkungen dem Geschehen im größeren Kreis aus eigener Kraft nicht folgen können.

Mit der Forderung nach einer 1:1-Betreuung überschreitet man nicht selten die Möglichkeiten einer Einrichtung. Erinnerungspflege eignet sich indes nach unseren Erfahrungen besonders gut für die Einbeziehung von Angehörigen und Freiwilligen. Sie stehen – nach entsprechender Vorbereitung (vgl. Erinnern heißt Leben, 2003) – nicht nur als persönliche Erinnerungsbegleiter zur Verfügung, sondern helfen auch, den Aktivitäten „Normalität“ und eigenen Schwung zu verleihen. Führt man etwa gemeinsam kleine Rollenspiele auf (Nachspielen einer Schulstunde) oder feiert man ein Fest (Tanztee mit Live-Musik), verwischen schnell die Grenzen zwischen Erkrankten, Mitarbeitern und Gästen (vgl. Trilling u.a. 2001, 169f.).

Bereits die heterogene Zusammensetzung der Gruppe fördert die Lebendigkeit des Geschehens und bietet auch für Menschen mit schwereren Einschränkungen vielerlei Anregung – selbst wenn sie vielleicht lange Zeit schweigsam und ohne äußere Anzeichen der Teilnahme dabeisitzen oder (wie Jack) immer wieder einmal davon spazieren. Für Menschen mit leichteren Einschränkungen ergibt sich daraus die Chance, Fürsorge für andere zu zeigen, sich zu kümmern.

Erinnerungsaktivitäten in der Gruppe eröffnen also viele Möglichkeiten, demenziell Erkrankte im Sinne von Kitwoods Bedürfnisebenen anzusprechen; wir möchten dies an drei Beispielen schildern:

Trost

Die Gruppenleitung bringt einen großen Korb unterschiedlicher Kuscheltiere, weicher Decken, Puppen, Kissen mit und bittet jeden Teilnehmer, den Gegenstand auszuwählen, den er gerne im Arm hätte, wenn er einmal traurig ist. Jeder beschreibt dann seinem Partner eine Situation, in der er sich trösten konnte. Durch geschicktes Nachfragen versuchen die Begleiter zu helfen. Vielleicht erfährt man auch nur, dass einem Teilnehmer die Farbe gefällt oder kann beobachten, wie jemand versonnen einen samtigen Stoff streichelt.

In der Gruppe werden die einzelnen Erfahrungen zusammengetragen und „Trostgeschichten" erzählt. Daraus entsteht ein ganzes Puzzle von „Tröstern" und eine Erinnerung wird eine nächste anregen.

In einem zweiten Durchgang können die Teilnehmer mit ihren Trostobjekten ein „lebendes Bild" stellen, den Gegenstand in die Höhe halten und noch einmal etwas über ein Trosterlebnis berichten. Hier helfen wieder die Begleiter. Macht man ein Foto von dieser Szene und vergrößert es (möglichst stark!), werden die Trostgeschichten nicht nur ins nächste Treffen transportiert, sondern auch zu einem Gemeinschaftsprodukt für den Gruppenraum.

Zu Schluss singen alle noch ein „Trostlied" – z.B. „Heile, heile Gänschen ...".

Die Aktivitäten sprechen viele Sinne an. Der Wechsel der Aktivitätsebenen (individuelles Auswählen, Gespräch in der Zweiergruppe, Präsentation und Singen in der Gesamtgruppe) bindet alle ein. Auch traurige Erinnerungen haben ihren Platz, aber der Akzent liegt auf dem Trost und der Erkenntnis, dass wir alle schon Grund hatten, getröstet zu werden. Damit entsteht Nähe und das Gefühl der Gemeinsamkeit. Die Teilnehmer bringen sich nach ihren Möglichkeiten ein: Wer mag (und kann) erzählt eine Geschichte, andere werden den Partner berichten lassen und wieder andere freuen sich an einem besonders hübschen Stofftier oder genießen die angeregte Atmosphäre (vgl. hierzu auch Luchterhand/Murphy 2001).

Einbeziehung
Allein schon Mitglied einer Gruppe von Menschen zu sein, die miteinander interagieren, ist Umsetzung der Forderung Kitwoods. Unabhängig vom Schweregrad der Behinderung sollte diese Erfahrung für alle möglich sein.

Gemeinsames Tanzen und Bewegen zu vertrauter und beliebter Musik stellt auf einfache und unmittelbare Weise die Teilhabe sicher. Besonders gut ist, wenn es dazu etwa auf dem Akkordeon oder dem Klavier Begleitung gibt, die auf die Wünsche und Fähigkeiten der Teilnehmer reagiert. Wer sich nicht im Raum mit Tanzschritten bewegen kann, wird im Sitzen, durch Klatschen oder Schunkeln Anteil nehmen. Weiche Bälle, bunte Tücher oder Luftballons bringen alle in Schwung.

Vielleicht ergibt sich die Möglichkeit eines regelmäßigen Tanztees, zu dem man sich besonders schön anzieht und zu dem besondere Erfrischungsgetränke serviert werden. Im Laufe der Zeit wird eine eigene „Hitliste" entstehen.

Die Bewegung zu Musik ermöglicht den körperlichen Kontakt und aktiviert demenziell Erkrankte in oft unerwarteter Weise. Das macht nicht nur Spaß, sondern fördert das physische Wohlbefinden und die Reaktionsfähigkeit und dient nicht zuletzt der Sturzprophylaxe.

Beschäftigung
In den Wohngruppen der Einrichtungen der Behindertenhilfe ist die Beteiligung der Bewohnerinnen an den alltäglichen Verrichtungen längst Teil des Betreuungskonzepts. Ein Großteil der älteren Menschen mit geistiger Behinderung verfügt – trotz teilweise früher Institutionalisierung – über typische geschlechtsspezifische Handlungs- und Verhaltensmuster. So schätzen vor allem ältere Frauen häufig Handarbeiten und Hausarbeit. Schwieriger gestaltet sich die Beschäftigung für die Männer: Durch die Zusammensetzung ihrer Mitarbeiter-

schaft zeichnen sich die meisten Betreuungs- und Pflegeangebote der Behindertenarbeit durch eine „weibliche“ Kultur aus, und eher männlich geprägte Aktivitätsspektren und Identifikationsmuster werden vernachlässigt. Waschbrett, Kaffeemühle und Nähmaschine sind für weibliches Personal in der Regel leichter in ein Erinnerungsprogramm zu integrieren als ein Beil mit Hackstock oder ein benzinverschmiertes Motorrad. Neben der Tagesstrukturierung, die vielfältige Möglichkeiten der Beschäftigung bietet, kann der Themenkomplex Arbeit auch für spezifische Erinnerungsangebote genutzt werden.

Mit dem bekannten Spiel des Beruferatens lässt sich die eigene Tätigkeit in der WfbM vorstellen, wobei bei der Vorbereitung bekannt sein sollte, ob und in welchem Umfang eine solche besucht wurde, denn viele der heute alten Menschen haben erst spät in ihrem Leben die Möglichkeit des WfbM-Besuchs erhalten. Ein Teil von ihnen war allerdings, insbesondere im dörflichen Umfeld, auch als Hilfsarbeiter auf dem freien Arbeitsmarkt oder im elterlichen Betrieb beschäftigt. Gezeigt werden kann auch der Beruf des Vaters oder eines Verwandten. Manch einer wird auch die Betätigung wählen, die er gerne ausgeübt hätte oder im Kino bewundert – vom Cowboy bis zum Fußballspieler.

Als Pantomime, mit einfachen Gesten oder auch ganzen Geschichten können die Teilnehmer ihr darstellerisches Talent beweisen. Wer sich nicht selbst produzieren möchte, schickt seinen Begleiter vor. Wichtiger als die korrekte Ausführung der Tätigkeiten und das Raten ist die fröhliche bis alberne Stimmung, die sich bald einstellen dürfte. Werden die einzelnen Vorführungen fotografiert, kann man das nächste Mal eine kleine Ausstellung veranstalten und sie nach und nach vielleicht ergänzen um Bilder, die die Teilnehmer in ihren Berufen zeigen, Bilder des Vaters am Arbeitsplatz, oder eben den bewunderten Filmstar oder Sportler.

Gruppenaktivitäten spielen im Hier und Jetzt und helfen Demenzkranken, Emotionen und Fähigkeiten gezielt einzusetzen und sich als kompetent und akzeptiert zu erleben. Selbst wenn sie höchst angeregt bei der Sache waren, kann es passieren, dass sie nach kurzer Zeit alles vergessen haben und behaupten, sich den ganzen Tag gelangweilt zu haben.

Dennoch stellen sich nach einigen gelungenen Gruppentreffen Wiedererkennungseffekte ein. Sie mögen zwar alle Anwesenden als fremd erleben, doch dass sich in dieser Runde Vergnügliches ereignet, prägt sich den meisten nach wenigen Treffen ein.

Bauen die Gruppentreffen inhaltlich aufeinander auf, entsteht nach einem gewissen Zeitraum neben der Gruppenidentität auch eine Gruppengeschichte. Dies lässt sich durch die erwähnten Fotografien oder durch gemeinsam hergestellte Produkte (wie den Osterbaum in der Geschichte von Jack) dokumentieren.

Abschließende Bemerkungen

Die Erinnerungen von Menschen mit geistigen Behinderungen, die im Alter eine Demenz entwickeln, werden aufgrund ihrer speziellen Lebensbedingungen andere Ausformungen haben, als die von Menschen mit einer „Normalbiografie". Aber auch ihnen wird es um die zentralen menschlichen Erfahrungen von Freundschaft, Liebe, Lernen, Arbeiten und Freizeitgestaltung gehen. Wie weit sie sich auf ihre Erinnerungen einlassen können und möchten, hängt von ihrem gesundheitlichen Zustand ab und von der Phantasie und dem Einfühlungsvermögen ihrer Begleiter. Es wird auch Menschen geben, die einfach keine „Erinnerer" sind und ihre Geschichten weder weitergeben möchten noch an denen der anderen Interesse zeigen. Vielleicht sind sie auch so voller Trauer, dass sie sich in der angebotenen Form nicht mitteilen möchten.

Entschließt man sich, die biografische Arbeit zu einem Betreuungsprinzip in einer Einrichtung zu machen, so werden Mitarbeiter verstärkt nach Informationen und Materialien über die von ihnen betreuten Menschen Ausschau halten. Wichtige Partner sind hierbei die Eltern und Geschwister, die man auf diese Weise gut einbeziehen kann. Als unverzichtbare Quellen für die Lebensgeschichte erhalten sie eine neue und attraktive Rolle im Betreuungskonzept. Vielleicht können sie gar gewonnen werden, sich an der Erstellung von Lebensbüchern und Erinnerungskisten zu beteiligen. Gerade die hochaltrigen Eltern erhalten so eine Möglichkeit, ein wenig Abschied zu nehmen von ihren erwachsenen Kindern und ihnen neben der Fürsorge, die sie ihnen oft aufopfernd über Jahrzehnte angedeihen ließen, ein Symbol ihres gemeinsamen Lebens zu schaffen.

5. Biografieorientierung im Rahmen der Enthospitalisierung geistig behinderter Menschen[6]

Die Enthospitalisierung, d.h. die Ausgliederung geistig behinderter Menschen ohne Krankenhausbehandlungsbedarf aus psychiatrischen Kliniken gilt in der BRD formal als abgeschlossen (vgl. Haltiner/Ryffel 2001). Dennoch lässt sich bei genauer Kenntnis regionaler Gegebenheiten feststellen, dass es weiterhin Menschen mit geistiger Behinderung gibt, die unter hospitalisierenden Bedingungen leben, beispielsweise in (Alten-)Pflegeheimen oder durch häufige, längere Aufenthalte in der Akutpsychiatrie.

Aber auch ehemals hospitalisierte Menschen, die längst unter angemessenen Bedingungen leben können, haben durch die Hospitalisierung einen Bruch in ihrer Lebensgeschichte erlitten, der in der Biografiearbeit relevant sein kann.

Ich möchte daher unterscheiden zwischen der Arbeit in Enthospitalisierungsprojekten und der Arbeit mit vor längerer Zeit enthospitalisierten Menschen und mich vor allem auf die Arbeit in Enthospitalisierungsprojekten konzentrieren. Ich gehe allerdings davon aus, dass es – vielleicht in weniger dramatischer Form als in diesem Beitrag beschrieben – auch in Wohneinrichtungen der Behindertenhilfe und in (Alten-)Pflegeheimen „Menschen ohne Biografie“ gibt, sodass die vorgestellten Überlegungen auch nach Abschluss großer Enthospitalisierungsprojekte relevant bleiben. Die beiden Fallvignetten stammen aus der wissenschaftlichen Begleitung der Enthospitalisierung in Bayern, in deren Rahmen Studierende mit einzelnen Menschen arbeiteten, um sie auf den Umzug in eine

6 Ein Beitrag von Bettina Lindmeier.

Wohneinrichtung vorzubereiten (vgl. Strassmeier/Lindmeier/Albrecht 2001).

Zustand unverändert

Menschen mit geistiger Behinderung sind noch mehr als andere Menschen darauf angewiesen, dass Bezugspersonen wichtige Ereignisse mit ihnen gemeinsam erleben, mit ihnen darüber sprechen und die Erinnerung zu bewahren helfen, beispielsweise durch Fotoalben mit Erläuterungen, aus denen spätere Betreuer die Namen und Ereignisse ablesen und mit dem betroffenen Menschen wieder „zum Leben erwecken" können. Diese für die meisten Menschen selbstverständlichen Dinge sind für (ehemalige) Langzeitpatienten kaum denkbar: persönliche Gegenstände existieren oft nicht mehr, der Kontakt zu Verwandten ist häufig abgerissen, möglicherweise sind sie verstorben oder wollen sich nicht mehr erinnern, weil die Erinnerung auch für sie zu schmerzhaft ist. Die Krankenakten sind zwar oft umfangreich, aber für biografische Zwecke fast völlig unbrauchbar, da sie großenteils aus Arztberichten, Pflegeplänen und Angaben über ärztliche Behandlungen außerhalb der Psychiatrie bestehen. Selbst wichtige Lebensereignisse wie ein gescheiterter Ausgliederungsversuch sind nicht immer dokumentiert.

Ein „Sich-einlassen" auf die eigene Lebensgeschichte ist in dieser Situation schwer möglich, weil kaum mehr ein Gefühl dafür vorhanden ist, eine Lebensgeschichte zu haben: Zeitbezug, soziale Beziehungen und Handlungsspielraum sind fast völlig außer Kraft gesetzt – ohne sie gibt es aber keine Geschichte, sondern nur eine Aneinanderreihung von unverbundenen Ereignissen.

Die folgende Lebensgeschichte wurde von Christine Ratay aus den Akten des 43-jährigen Aufenthalts einer Langzeitpatientin in einem bayerischen psychiatrischen Krankenhaus rekonstruiert.

Die Akten enthielten als wichtigste Quelle so genannte „Optipläne", die handschriftliche Notizen des Pflegepersonals zu Befinden und Verhalten und eine Zusammenfassung der Krankenberichte von 1955–1996 umfassten, dem Zeitpunkt, zu dem die Langzeitstation in ein Pflegeheim umgewandelt wurde. Weiterhin waren psychiatrische Gutachten, richterliche Beschlüsse zur geschlossenen Unterbringung und der Briefwechsel mit den Eltern, gesetzlichen Betreuern und Ärzten enthalten. Zur Vollständigkeit der Akte schreibt Ratay: „Frühere schriftliche Aussagen des Personals über Anne T. ... sind nicht mehr in den Akten enthalten. Sie wurden wahrscheinlich nach einigen Jahren vernichtet. ‚Opti-Pläne' der letzten Jahre waren zwar vorhanden, aber zum Teil unvollständig, da laut Angaben des Personals auf der Station ein ehemaliger Mitarbeiter etwas zur Durchsicht mitgenommen und nicht wiedergebracht hatte. Es fehlen teilweise ganze Einträge über einige Monate hinweg" (1999, 9). Inhaltlich wiederholen sich Diagnosen und Beschreibungen auffälligen Verhaltens. Frühere Jahre sind zum Teil in nur einem oder wenigen Sätzen zusammengefasst. Die Notiz „Zustand unverändert" bildet den einzigen Eintrag aus dem gesamten Jahr 1969.

Das folgende Biografiefragment soll zeigen, wie wenige und wie einseitige Informationen von dieser 58-jährigen Frau ermittelt werden konnten, bei der es im Rahmen unserer befristeten Arbeit nicht gelang, Kontakt zu Angehörigen wieder herzustellen.

Die Lebensgeschichte von Anne T.

Anne T. wurde am 11.10.1940 geboren und kam am 30.6. 1955 in das psychiatrische Krankenhaus. Die Diagnose lautete „Hochgradige Intelligenzminderung bei Verdacht auf frühkindliche Meningoencephalitis (frühkindliche Hirnhautentzündung), Autismus, Epilepsie"; in der Epikrise von 1996 wurde „schwerste geistige Behinderung mit Epilepsie" diagnostiziert.

Geburt und frühkindliche Entwicklung waren normal verlaufen. Mit anderthalb Jahren hatte Anne T. vermutlich eine Hirnhautentzündung. Danach zeigte sie auffälliges Verhalten mit Blickkrämpfen, Zuckungen und verspäteter Entwicklung. Sie wurde sehr unruhig und konnte zuhause nicht genügend beaufsichtigt werden. Im Alter von zwei Jahren kam sie in ein

Kinderheim. Dort blieb sie zwei Jahre und kam danach in eine andere Anstalt. Anne T. besuchte keine Schule und konnte nur sehr undeutlich sprechen. Mit fünfzehn Jahren war sie des öfteren sehr unruhig und schlug auf kleinere Kinder ein, so dass sie schließlich nicht mehr länger auf der Kinderabteilung bleiben konnte. Daher kam sie 1955 ins Bezirkskrankenhaus.

Bei der Aufnahme war sie sehr unruhig. Sie schüttelte ständig den Kopf und hatte Zuckungen am ganzen Körper, lief hin und her und gab auf Fragen keinerlei Antwort. „Psychisch zeigte sich in der Aufnahmesituation eine deutliche Unruhe und Umtriebigkeit" (Akten), die während der folgenden Jahre anhielt: Anne T. warf Matratzen aus Betten, schüttelte unentwegt den Kopf und zerstörte Gegenstände. Außer ein paar Kinderliedern gab sie nur ab und zu unartikulierte Laute von sich. Manchmal zerriss sie ihr Hemd oder ihre Bettwäsche und duldete nur widerstrebend Kleidung auf ihrem Körper.

Während des gesamten Aufenthalts im psychiatrischen Krankenhaus wurden immer wieder Unruhezustände beschrieben, besonders in den ersten Aufenthaltsjahren auch fremd- bzw. selbstaggressives Verhalten. Laut Akte war keine Unterhaltung mit ihr möglich. Auffällig waren die wälzenden Bewegungen mit dem Kopf und Oberkörper. Dabei rieb sie sich mitunter die gesamte Kopf- und Oberkörperhaut wund. Sie zerkratzte sich auch mit den Fingernägeln das Gesicht und schlug auf andere Mitpatienten ein. Im Rahmen ihrer Unruhezustände konnte sie früher mit Zeitabständen mehrere Stunden lang laute, papageienartige Schreie ausstoßen. Auch Einnässen und Einkoten kamen vor. Der Krankengeschichte ist weiterhin zu entnehmen, dass auch Fixierungen vorgenommen wurden.

Ihr Verhaltensbild wird insgesamt als sehr wechselhaft beschrieben: „Neben Unruhephasen war sie wieder monatelang autistisch, sie zog sich dann unter die Bettdecke zurück" (Akten). Ab 1960 werden häufige, generalisierte Krampfanfälle beschrieben. Dabei kam es auch zu Verletzungen, wie z.B. Gesichtsverletzung (1977) und Nasenbeinbruch (1984). Anne T. war deswegen mit dem Medikament Timonil ret. eingestellt.

Die Jahre 1963 bis 1970 lesen sich folgendermaßen:

1963 Es findet sich im Krankenbericht kein Eintrag außer: „Station vertretungsweise ohne Übergabe übernommen“. Anne T. hatte in diesem Jahr 23 generalisierte Krampfanfälle.

1964 Das Verhalten von Anne T. ist noch immer unruhig. Sie kann laut Krankenbericht „nur auf einer mit Gummi bezogenen Matratze und einer festen Decke zugedeckt im Bett liegen“. Es werden außer dem fremd- und selbstverletzenden Verhalten auch Schmieren mit Kot und Urin und Kotessen beobachtet, weswegen sie fixiert wird. Sie erhält jetzt Neurocil: „Lässt man dieses Medikament weg oder dosiert es schwächer, so tritt zusätzlich zu der motorischen eine hochgradige verbale Erregung auf.“

1965 „Im psychischen Verhalten ist die Patientin jahraus und jahrein völlig unverändert.“

1966 Kein Eintrag in der Akte.

1967 Keine Veränderung des Allgemeinbilds von Anne T.

1968 In diesem Jahr tritt eine Verhaltensänderung ein: „Die Patientin, die jahrelang nicht das Geringste an ihrem Körper duldete, ... ist überraschenderweise ruhiger geworden. Sie duldet, dass man das Bett frisch und normal überzieht, sie lässt die Bettdecke über sich liegen, sie zerreißt auch nicht mehr ihre Nachthemden, ...“

1969 In diesem Jahr findet sich nur die Notiz: „Zustand unverändert“.

1970 Anne T. ist „wesensverändert. Dement. Apathisch.“ Sie liegt ständig im Bett, ihre stereotypen Verhaltensweisen bestehen fort; sie erleidet weiterhin Krampfanfälle. „Es besteht keinerlei Kontakt mit ihr.“

Während der folgenden Jahre wird der Zustand von Anne T. ähnlich beschrieben; ab 1985 setzte eine Besserung ein. Anne T. nahm eine Weile an der Beschäftigungstherapie und bis zur Ausgliederung in die Wohneinrichtung an der Musiktherapie teil. Dennoch heißt es auch 1985: „Eine sinnvolle Kommunikation war während des gesamten Aufenthalts mit der Patientin nicht möglich. Bei ausgeglichener Stimmungslage war die

Patientin in der Lage, längere Zeit den Blickkontakt mit dem Personal aufrecht zu erhalten.“ (Akten)

Im Jahr 1991 wird Anne T. in einer Wohneinrichtung angemeldet, zu einem Umzug kommt es aber nicht. In den folgenden Jahren gibt es etwas ausführlichere Einträge, aus denen hervorgeht, dass Anne T. an einigen Aktivitäten teilnimmt und dass ein gewisses Sprachverständnis vorliegen muss. Von einer einwöchigen Urlaubsreise der Gruppe kommt sie begeistert zurück, während des Urlaubs kam sie gut zurecht.

Im Jahr 1996 wurde die Station in ein Pflegeheim umgewandelt, 1999 zog Anne T. in eine Wohneinrichtung außerhalb des Klinikgeländes um.

Dies ist die Zusammenfassung von 58 Jahren menschlichen Lebens, von denen 13 in Pflegeheimen und 43 Jahre in einem psychiatrischen Krankenhaus verbracht wurden. Es ließ sich nicht rekonstruieren, welche Gründe die Verhaltensänderung in den Jahren 1968–1970 gehabt haben könnte. Die Veränderung in den 80er-Jahren lässt sich ebenfalls nicht sicher rekonstruieren, es kann allerdings davon ausgegangen werden, dass die Veränderung von Anne T.s Verhalten auch durch eine veränderte Haltung des Personals eingeleitet wurde: Die Versuche der Kommunikation mit ihr und ihre Einbeziehung in Angebote eröffneten Anne T. die Möglichkeit, andere Seiten ihrer Persönlichkeit zu zeigen. Dennoch wissen wir nur sehr wenig. Mit dieser Frau eine ‚Aufarbeitung‘ der Lebensgeschichte zu leisten, wie dies im Rahmen der Antipsychiatriebewegung von psychisch kranken (Langzeit-)Patienten geleistet wurde, ist sicherlich nicht möglich. Zugleich gestaltete sich gerade mit ihr die Einzelarbeit schwieriger als mit den meisten anderen, auf den ersten Blick stärker „hospitalisierten“ Patienten: Es stellte sich schnell heraus, dass Anne T. recht gute alltagspraktische Fähigkeiten hatte. Aktivitäten wie kochen, basteln, spazieren gehen, Musik machen und singen beherrschte sie, sie machte allerdings meistens recht teilnahmslos mit, und es war schwer zu erkennen, ob ihr irgend etwas mehr Spaß machte als anderes: wenn sie sich selbst überlassen war, saß sie stundenlang ohne Beschäftigung in einem Sessel, ein Verhalten, das sich zumindest in der ersten Zeit nach der Enthospitalisierung nicht verminderte.

Das Ziel der Einzelarbeit bestand darin, individuelle Zugänge zu den einzelnen langzeithospitalisierten Menschen zu finden, Interessen aufzudecken und zu entwickeln und allmählich Anknüpfungspunkte sowohl für eine andere Beziehungsgestaltung als auch für gezielte Unterstützung und Förderung zu finden. Die Arbeit mit Anne T. schien zunächst ins Leere zu laufen, bis Christine Ratay ihr einmal, ausgehend von einer anderen Beschäftigung, die Hände massierte, was sie sichtlich genoss. Mit der Zeit veränderte sich die Einzelarbeit daher hin zu einem stärker körperorientierten Angebot, wobei Christine Ratay sich an Pfeffers Forderung orientierte, „dass der Leib durch somatische Anregung gefördert werden muss, damit ein qualifizierter Bezug zu Menschen und Dingen hergestellt werden kann (vgl. Pfeffer 1988, S. 238)“ (1999, 81). Im Verlauf der Treffen begann Anne T. Materialien selbst auszusuchen, wobei sie raue Materialien bevorzugte, und entwickelte schließlich eine Vorliebe für die Massage mit einem Noppenball und einem Massagegerät. Beides nutzte sie selbst und ließ sich damit massieren, wobei sie sich meist stark entspannte: das stereotype Kopfdrehen hörte auf, die starke Muskelspannung ließ nach. Der Aufbau einer Beziehung wurde besonders deutlich, als sich Anne T. nach längerer Abwesenheit von Frau Ratay zunächst weigerte, mit ihr zusammenzuarbeiten: ein Vertrauensverhältnis musste erst wieder aufgebaut werden.

Auf den ersten Blick ist hier keinerlei Biografieorientierung auszumachen, die Form der gemeinsamen Arbeit scheint zufällig gewählt. Biografieorientierung kann in einer solchen Situation, in der wir kaum Anknüpfungsmöglichkeiten sehen, zunächst nur Folgendes bedeuten:

- Die Akte sorgsam „gegen den Strich“ lesen und versuchen, kleine Hinweise auf frühere Eigenschaften, Vorlieben oder Abneigungen herauszufinden
- Alles dokumentieren, was wichtig sein könnte – kleine Hinweise fallen oft erst beim wiederholten Lesen eines Protokolls oder im Gespräch darüber auf.
- Immer mit Neuem rechnen: erst beim erneuten Lesen der Protokolle für diesen Beitrag fiel mir auf, dass Christine Ratay bei zwei Abschiedsbesuchen in der neuen Wohneinrichtung ein Interesse Anne T.s am dortigen Singkreis auf-

gefallen war, das bei der Teilnahme am Singkreis in der Klinik noch nicht vorhanden war. Zusammen mit dem Hinweis auf die Fragmente von Kinderliedern, die Anne T. laut Akte in den Jahren nach ihrer Aufnahme sang, ist hier ein neuer Anknüpfungspunkt aufgetaucht. Möglicherweise ist er sogar jetzt aufgetaucht, weil die Unterbringung in der neuen Wohnstätte in irgendeiner Weise an einen uns unbekannten früheren Aufenthaltsort erinnert.

- Ausprobieren und Wahlmöglichkeiten schaffen: Anne T. gehörte von ihren Fähigkeiten und ihrem Erscheinungsbild her nicht zu der Zielgruppe, für die der leiborientierte Förderansatz Pfeffers oder die basale Stimulation nach Fröhlich (vgl. 1998) entwickelt worden sind: dennoch war sie nicht (mehr) in der Lage, von sich aus Kontakt zur Welt aufzunehmen, und genoss einfache somatische Anregungen mehr als alle ‚entwicklungsstandgemäßen' Aktivitäten. Möglicherweise ist der Abbruch der primären Beziehungen von Anne T. im Alter von 18 Monaten durch die Hirnhautentzündung und nachfolgende Heimeinweisung ein Grund, weshalb sie auf dieses Beschäftigungs- und Beziehungsangebot so reagierte; dies bleibt aber eine Vermutung.

Biografieorientierung bedeutet demnach auch, davon auszugehen, dass die individuelle Lebensgeschichte zu Erfahrungen, Vorlieben und Abneigungen geführt haben kann, die in Entwicklungsrastern entweder gar nicht auftauchen oder die allgemeinen Erkenntnissen der Entwicklungspsychologie oder der Geistigbehindertenpädagogik sogar widersprechen.

Die Bedeutung der Angehörigen

Angehörige sind von größter Bedeutung für die biografieorientierte Arbeit mit hospitalisierten Menschen, da sie eine Ahnung davon vermitteln, dass der fast biografielose Mensch, den wir kennen, nicht immer ohne Biografie war: dass er Eltern hatte, die Pläne, Hoffnungen und Wünsche mit ihm teilten; dass er Vorlieben hatte, die die Eltern kannten und beantworteten; dass es Menschen gab und vielleicht noch gibt, die ihn vermissen.

Ein ehemaliger Langzeitpatient, dessen Mutter noch lebte, wurde von dem betreuenden Projektmitarbeiter Walter Biberthaler nach dem Gespräch mit der Mutter in einem völlig anderen Licht gesehen:

Thomas D. ist ein kräftiger Mann mit starken Hospitalisierungsmerkmalen: Er spricht nicht, er isst getrennt von den anderen, er verbringt seine Zeit hockend im Garten und hat eine ausgeprägte Nikotinsucht (isst Zigarettenkippen). Das Personal vermutet „dass Thomas D. vermutlich in einem Viehstall aufwuchs. Begründet wurde diese Aussage durch das Verhalten von Thomas D., welches häufig den Eindruck mache, als ob es von Tieren gelernt wurde. So habe Thomas D., als er auf die Station kam, nur vom Boden gegessen und getrunken und zwar dergestalt, dass er seinen Mund zum Teller führte, der auf dem Boden stand, und so die Nahrung direkt aus dem Teller aufnahm." (Biberthaler 1998, 65). Zusammen mit dem ausagierenden Verhalten des großen und kräftigen Mannes, das teilweise zu Verletzungen des Personals führte, entstand ein schreckenerregendes, tierähnliches Bild dieses Menschen.

Der Bericht und die Fotos der Mutter dagegen zeichneten ein völlig anderes Bild: ein freundliches, sozial integriertes Kind (Schwester und Cousin), das auch nach der auf Grund des hohen Pflegebedarfs und der Erschöpfung der Mutter notwendigen Kinderheimaufnahme in regelmäßigem Kontakt zu den Eltern stand und insbesondere mit dem Vater viel unternahm. Ein Jugendlicher, der nach der Entlassung aus dem Kinderheim und der Aufnahme in ein Pflegeheim ohne angemessenes Betreuungskonzept zunehmend panisch und sachaggressiv auf Veränderungen des Tagesablaufs reagiert, der aber noch in der Psychiatrie zunächst als kontaktfreudig, freundlich und scheu beschrieben wird: „anderthalb Monate später schien sich Thomas noch nicht eingewöhnt zu haben, denn er verbrachte die ganze Zeit in seinem Bett oder saß mit schaukelnden Bewegungen in seinem Bett. Nach den Schilderungen der Krankengeschichte unternahm er gelegentlich noch Versuche, Kontakt zu anderen Mitbewohnern aufzunehmen. So ist beschrieben, wie Thomas ab und zu sein Bett verließ, um seine Bettnachbarn zu küssen" (Biberthaler 1998, 69) – ein Verhalten, das er auch Walter Biberthaler gegenüber entwickelte. Die Krankengeschichte ergibt auch, dass Thomas D. längere Zeit im Bad essen musste, weil er Mitbewohnern das Essen wegzunehmen begonnen hatte. „Er wurde dabei im Bad an einen Heizkörper festgebunden und aß auf dem Boden hockend (Krankengeschichte). Mit der Zeit gewöhnte sich Thomas D. so sehr an die Stelle im Bad, dass er das Personal zu den Essenszeiten ins Bad führte und erst aß, nachdem er am Heizkörper festgebunden wurde. Später wollte er immer häufiger im Bad fixiert werden, auch wenn es kein Essen gab." (a.a.O., 70)

Für eine biografieorientierte Arbeit mit diesem Mann ergaben die Akten und der Vergleich mit den Aussagen der Mutter eine Vielzahl von Hinweisen, die in eine individuelle Unterstützungsplanung eingebunden werden können.

Die Mutter gab zahlreiche Hinweise auf Vorlieben, die hier nicht im Einzelnen wiedergegeben werden könnten, beispielsweise auf eine eigene Lieblingstasse oder das Spielen im Garten: hier können gezielt Anknüpfungspunkte an die Zeit vor der Psychiatrie gesucht werden.

Erinnerungen an den Aufenthalt im psychiatrischen Krankenhaus

Aber auch an den Aufenthalt im psychiatrischen Krankenhaus kann es „gute Erinnerungen" geben: Bei der Erstellung eines Lebenswegs mit zwei älteren Frauen einer Wohneinrichtung bauten zwei Projektmitarbeiterinnen gemeinsam mit den beiden Frauen die Elternhäuser der beiden, das psychiatrische Krankenhaus, in dem sie gelebt hatten, und das jetzige Wohnheim nach, klebten es auf Karton und ergänzten Fotos und Gegenstände aus der Zeit. Dabei sprachen sie über ihr Leben, und es ergab sich, dass sich beide im psychiatrischen Krankenhaus kennengelernt hatten. Durch die gemeinsame Ausgliederung in ein neu eröffnetes Wohnheim in den 70er-Jahren konnten sie weiterhin zusammenbleiben und erinnern sich heute noch gern an den Beginn ihrer Freundschaft.

Auch für Thomas D. ist mit dem Aufenthalt im psychiatrischen Krankenhaus möglicherweise die Erinnerung an den Garten und den umgebenden Park sowie an die Rückzugsmöglichkeit verbunden, die das Bett für ihn darstellte. Im Rahmen der Enthospitalisierung tendieren wir dazu, nichts „Gutes“ und Erhaltenswertes mehr wahrzunehmen; damit reduzieren wir aber das Leben der betroffenen Menschen.

Wie weit belastende Erinnerungen im Rahmen biografischer Arbeit thematisiert werden sollten, hängt vom Einzelfall ab: In einem weiteren psychiatrischen Krankenhaus lebte ein Mann, der mit dem Betreuungspersonal immer wieder über frühere Ereignisse, den Einweisungsgrund, die psychische Erkrankung und seine früheren aggressiven Verhaltensweisen sprach. Diese Gespräche gingen von ihm aus und dienten der Bewältigung der Vergangenheit, sie mündeten immer in ein Gespräch über die Zukunft, den Wunsch nach Entlassung und den gewünschten Wohnort.

Im Zweifel sollte aber die Schwelle zu therapeutischem Arbeiten nicht überschritten werden, da die Auseinandersetzung mit extrem belastenden Erfahrungen einer kompetenten Unterstützung des Betroffenen bedarf.

Biografieorientierte Arbeit oder rehistorisierende Diagnostik?

Die beschriebenen Schicksale zeigen, dass ein Einlassen auf ihre Lebensgeschichte für hospitalisierte Menschen und ihre Bezugspersonen nur in kleinen Schritten möglich ist. Dennoch können Menschen mit massiven Deprivationserfahrungen und Brüchen in ihrer Lebensgeschichte auf diese Weise einen Zugang zu früheren Erfahrungen und Erlebnissen finden. Allmählich kann so im günstigen Fall ein „Wieder-heimischwerden“ im Leben und eine Ausweitung der Interessen, sozialen Beziehungen und Handlungsmöglichkeiten entstehen. Die vorgestellten Beispiele gehören deshalb trotz aller Vorläufigkeit und Unzulänglichkeit in den Kontext der Biografiearbeit.

Abschließend möchte ich daher einige Unterschiede zur rehistorisierenden Diagnostik herausarbeiten. Ziel der rehistorisierenden Diagnostik ist „die von Basaglia (1974) geforderte ideologische und dialektische Dechiffrierung der psychopathologischen Symptomatik“ (Jantzen 1996, 23); in der Regel wird sie angewandt in der Arbeit mit Personen mit „Problemverhalten". Die behinderten Menschen, so die Ausgangsüberlegung, befinden sich durch die Bedingungen ihrer Körperfunktionen und -strukturen in einem anderen Verhältnis zur Welt: „Ihr durch den Defekt verändertes Verhältnis zu den Menschen und zur Welt ist Ausgangspunkt anderer sozialer Beziehungen, innerhalb derer soziale Isolation entsteht" (a.a.O., 57f.). Im Umgang mit der sozialen Isolation, die von Jantzen auch als strukturelle oder offene Gewalt bezeichnet wird, entwickeln sie Verhaltensweisen der Anpassung, die als solche verstanden und dechiffriert werden müssen, um sie angemessen zu beantworten, denn in der Regel werden sie als direkte Folge der organischen Schädigung gesehen. Dementsprechend steht die Syndromanalyse zunächst im Mittelpunkt. Für unsere Arbeit waren die Ausführungen von Jantzen, Störmer/Sievers und anderen Autoren des Sammelbands (vgl. Jantzen/Lanwer-Koeppelin 1996) von großer Bedeutung, da sie die Möglichkeit einer Wiederaufnahme des Dialogs mit Menschen dokumentieren, mit denen Dialog zunächst unmöglich scheint, und weil sie eine Möglichkeit boten, zwischen organischer Schädigung und sozialer Konstruktion zu unterscheiden.

Anne T. ist aber kein Mensch mit „Problemverhalten" mehr, sie macht alles mit, hat ein gewisses Sprachverständnis und gehört zu den sogenannten „pflegeleichten" Patientinnen bzw. Bewohnerinnen, die in der Gruppe „so mitlaufen", die wenig auffallen und denen meist keine besondere Aufmerksamkeit zu Teil wird. Auch im Rahmen der Einzelförderungen ging von Menschen wie Thomas D. eine weitaus größere Faszination aus. Biografieorientierung in der Arbeit mit enthospitalisierten Menschen kann von den Bemühungen rehistorisierender Diagnostik profitieren, da sie eine Vielzahl von Hinweisen auf biografisch Bedeutsames liefert. Biografieorientierung dient aber dazu, im Interesse des betroffenen Menschen und unabhängig von Problemverhalten und Schwierigkeiten des Personals im Umgang mit Bewohnern biografisch Bedeutsames aufzuspüren und in den Alltag einzubauen. Sie geht dabei davon aus, dass es selbst im Leben von langjährig hospitalisierten Menschen Dinge gibt, die es wert sind, erinnert zu werden und an sie anzuknüpfen, und dass dieses Erleben von

Kontinuität für das Leben jedes Menschen wichtig ist. Sie ist keine Diagnostik, und sie ist keine Therapie.

6. Methodensammlung[7]

Diese Methodensammlung enthält eine Auswahl von Methoden der Biografiearbeit, die in den Kapiteln 2 und 3 größtenteils erwähnt werden und die zusammen mit Menschen mit geistiger Behinderung durchgeführt wurden. Dabei handelt es sich zum Teil um Modifikationen bereits bekannter Methoden (vgl. Gereben/Kopinitsch-Berger 1998, Ruhe 2003), zum Teil aber auch um Methoden, die von den Verfassern erarbeitet wurden. Im Folgenden wird erläutert, wie mit dieser Methodensammlung umzugehen ist.

Hinweise zur Methodensammlung

Die Methoden zur Biografiearbeit sind in ihren Angaben relativ offen gehalten, um Spielraum bei der Umsetzung zu lassen. Es ist jederzeit möglich, die Methoden um eigene Ideen zu erweitern oder zu ergänzen.

Die Angaben beziehen sich auf:

Sozialform

Einzelarbeit: Diese Methoden sollten vorzugsweise nur mit einem Teilnehmer durchgeführt werden.

Kleingruppe: Diese Methoden können mit Gruppen bis zu vier Personen gut durchgeführt werden. Größer sollte die Gruppe jedoch nicht sein.

Gruppe: Diese Methoden können auch mit größeren Teilnehmergruppen bis zu 12 Personen durchgeführt werden.

Zeitrahmen

Hier werden grobe Angaben zum Zeitpunkt des Einsatzes und/ oder zur Durchführungsdauer gegeben.

7 Unter Mitarbeit von Daniel Gruber und Petra Schürmann.

als Einstieg: Diese Methoden sind besonders geeignet, eine Sitzung oder ein neues Thema einzuleiten.

eine Einheit: Diese Methoden werden als zentraler Bestandteil einer Sitzung durchgeführt. Als grober Zeitrahmen kann eine Dauer von 45–60 Minuten eingeplant werden. Einige Methoden benötigen jedoch auch wesentlich mehr Zeit (z.B. Esskultur).

mehrere Einheiten: Diese Methoden werden im Rahmen mehrerer Sitzungen durchgeführt.

Material
In dieser Rubrik sind die benötigten Materialien aufgeführt, einige Materialien wurden einzelnen Methoden beigefügt.

Vorbereitung
Hier ist aufgeführt, was zur Durchführung der Methoden an Vorarbeiten zu leisten ist.

Besonderheiten
Unter Besonderheiten ist aufgeführt, für welche Situation sich die Methode besonders anbietet, mit welchen anderen Methoden sie gekoppelt werden kann und welche besonderen Voraussetzungen zur Durchführung zu schaffen sind.

Durchführung
Hier ist angegeben, wie die Methode durchgeführt wird, wie der Arbeitsverlauf ist.

Variation
Hier werden alternative Durchführungsformen vorgeschlagen.

Räumlichkeiten zur Durchführung der Methoden

Generell sollte Biografiearbeit mit diesen Methoden in einem ausreichend großen, hellen, ruhigen und gemütlichen Raum durchgeführt werden.

Der Raum sollte folgende Möglichkeiten bieten:

- Ein Sitzkreis sollte realisierbar sein,

- es sollten ausreichend Tische vorhanden sein, um darauf Arbeiten (z.B. Basteln, Malen) durchzuführen,
- der Raum sollte zur Präsentation von Arbeitsergebnissen zur Verfügung stehen,
- ein Umstellen des Mobiliars sollte leicht möglich sein.

Besonders gut wäre es, wenn Materialien und Arbeitsergebnisse in dem Raum belassen werden könnten, ohne dass die Gefahr besteht, dass etwas abhanden kommt. Ein eigener Raum für die Biografiearbeit wäre hierzu die beste Lösung.

Bei einigen Methoden sind besondere räumliche Gegebenheiten erforderlich. Darauf wird ebenfalls unter „Besonderheiten" hingewiesen.

Zielsetzung der Methoden

Auch hinsichtlich der Zielsetzung wurde zugunsten größerer Spielräume bei der Umsetzung der Methoden auf konkrete Angaben verzichtet. Die meisten Methoden lassen sich vielfältig verwenden, je nach Intention der biografisch Arbeitenden. Als Hilfestellung kann dabei die folgende Methodenübersicht dienen.

Ansonsten sei hier auf Kapitel 1 dieses Buches verwiesen, in dem auf allgemeine Ziele biografischen Arbeitens und auf deren konkrete Umsetzung eingegangen wird.

Methoden

Um eine schnelle Auswahl aus der Methodensammlung treffen zu können, wurden alle Methoden unter folgenden drei Kategorien (Gespräch, Aktivität, Dokumentation) systematisiert, wobei einzelne Methoden mehreren Kategorien zugeordnet wurden.

Erinnerungen wecken – gesprächsorientierte Methoden

Alte Lieder (M 1)
Assoziationssignale (M 3)
Bildbände betrachten (M 4)
Leben feiern (M 12)
Lebenskarten (M 14)
Namen (M 17)

Biografisches Brettspiel (M 5)	Orte aufsuchen (M 18)
Briefe (M 6)	Rituale (M 19)
Erinnerungsstücke (M 7)	Textarbeit (M 23)
Esskultur (M 8)	Vergleichen (M 24)
Leben aufräumen (M 11)	Zeitungsanalyse (M 26)

Erinnerungen wecken – aktivitätsorientierte Methoden

Alte Lieder (M 1)	Leben feiern (M 12)
Assoziationssignale (M 3)	Lebensweg (M 15)
Biografisches Brettspiel (M 5)	Malen & Collagen (M 16)
Esskultur (M 8)	Orte (M 18)
Leben aufräumen (M 11)	Rollenspiel (M 20)

Erinnerungen bewahren – dokumentationsorientierte Methoden

Archiv erstellen (M 2)	Malen & Collagen (M 16)
Gefühls-Arbeitsblätter (M 9)	Stammbaum (M 21)
Gefühlskarten (M 10)	Tagebuch (M 22)
Lebens-Arbeitsblatt (M 13)	Wohnbiografie (M 25)
Lebensweg (M 15)	

Alte Lieder M 1

Sozialform: Gruppe.

Zeitrahmen: Als Einstieg/eine Einheit.

Material: Liedtexte, Musikinstrumente, Audio-Träger + Abspielgerät.

Vorbereitung: In Vorgesprächen oder einer vorhergehenden Sitzung nach bekannten Liedern und Musikinstrumenten fragen.

Besonderheiten: keine.

Durchführung: Lieder werden gemeinsam gesungen/vorgespielt; sie können auch von einzelnen Teilnehmern vorgesungen/vorgespielt werden. Im Anschluss wird über die Anlässe gesprochen, bei denen die Lieder gesungen, gehört oder erlernt wurden.

Variationen:

- Zur Erinnerung an die Runde kann ein Tonbandmitschnitt erstellt werden.
- Bei Interesse kann vielleicht auch ein Auftritt organisiert werden.
- Konzerte können besucht werden.

Archiv erstellen M 2

Sozialform: Einzelarbeit/Kleingruppe.

Zeitrahmen: Eine Einheit/mehrere Einheiten.

Material:

- Photoalbum, Kiste, Plakatwand, Mappe, Schaukasten o. ä.
- Bastelmaterialien, Stifte.
- Gesammelte Texte, Fotos, Zeitungsausschnitte, Gegenstände mit Erinnerungswert, Produkte biografischer Arbeit usw.

Vorbereitung: In Vorgesprächen klären, was an Erinnerungsstücken vorhanden ist und ins Archiv eingebracht werden kann; Material sammeln.

Besonderheiten: Das Archiv sollte einen besonderen Platz erhalten (privat/öffentlich); die Arbeit ist prozesshaft, eine kontinuierliche Weiterführung des Archivs ist möglich und sollte angeregt und begleitet werden.

Durchführung: Aus den mitgebrachten Erinnerungsstücken wird ein Lebensarchiv erstellt. Je nach Material kann dies in Form eines Plakats, eines Buches, einer Sammelmappe oder als Zusammenstellung in einer Kiste oder Vitrine geschehen. Falls erforderlich, werden die Materialien schriftlich kommentiert. Währenddessen oder im Anschluss daran kann über die Inhalte des Archivs gesprochen werden.

Variationen:

- Neben einem chronologischen Lebensbogen können auch thematische oder emotionale Archive erstellt werden (z.B. zu den Themen Beziehungen, Urlaub usw.).

- Durch eine besondere Anordnung der Erinnerungsstücke, durch Kommentare oder durch eine künstlerische Ausgestaltung kann das Archiv weitgehenden persönlichen Charakter erhalten.
- Von den verschiedenen Ereignissen des Lebens können auch Zeichnungen gemacht werden (z.B. wenn nur wenig Material vorhanden ist).

Assoziationssignale M 3

Sozialform: Gruppe.

Zeitrahmen: Als Einstieg/eine Einheit.

Material: Alles, was sinnlich erfahrbar ist.

Vorbereitung: Materialien sammeln (Flohmärkte, Archive) und zusammenstellen; manchmal auch herstellen (z.B. Geruchsproben in Filmdosen).

Besonderheiten: Diese Methode kann oft innerhalb anderer, umfangreicherer Methoden eingesetzt werden, z.B. *Esskultur* (M 8).

Durchführung: Durch die sinnliche Erfahrung der Materialien sollen Erinnerungen angeregt und besprochen werden.

Variationen:
- Alle Sinne können hier durch geeignetes Material angesprochen werden (Lebensmittel, Geruchsproben, Klänge auf Tonträgern usw.).
- *Erinnerungskoffer* – Gegenstände zu einem Zeitraum oder Thema werden in einem Koffer/Kiste zusammengestellt; die Teilnehmer nehmen sich daraus je einen Gegenstand und sprechen über den Grund ihrer Auswahl und die Erinnerung, die sie mit dem Gegenstand verbinden.
- Diese Methode ist gut als Ratespiel umzusetzen (z.B. als pantomimisches Beruferaten oder als Malspiel wie die *Montagsmaler* – mit Hilfe eines Overhead-Projektors).

Bildbände betrachten M 4

Sozialform: Kleingruppe.

Zeitrahmen: Eine Einheit.

Material: Bildbände von Regionen, welche den Teilnehmern bekannt sind; diese sollten Aktuelles wie Vergangenes darstellen.

Vorbereitung: Herausfinden, welche Gegenden bekannt sind (ländliche Region/Stadt).

Besonderheiten: Keine.

Durchführung: Die Bildbände werden gemeinsam angeschaut, sollen Erinnerungen anregen. Alle Teilnehmer können nacheinander erzählen, was ihnen zu den Bildern einfällt.

Variationen:
- Es können eigene Fotoalben statt Bildbände verwendet werden.
- Auch Dias oder Filmmaterial können verwendet werden.
- Aus selbst erstelltem Bildmaterial können eigene Bildbände erstellt werden.

Biografisches Brettspiel M 5

Sozialform: Kleingruppe.

Zeitrahmen: Eine Einheit.

Material:
- Plakate, Stifte, Kärtchen, Spielfiguren, Würfel.
- Original-Brettspiel (s. Besonderheiten).

Vorbereitung: Falls kein fertiges Brettspiel (s. Besonderheiten) vorhanden ist, kann man dies auch selbst entwickeln: Auf einem Plakat einen Weg mit verschiedenen Feldern anfertigen (der Spielplan), unterschiedliche Frage- und Aufgabenkarten erstellen (siehe auch *Lebenskarten* M 14), Spielregeln überlegen.

Besonderheiten:
Verschiedene biografische Brettspiele sind im Fachhandel erhältlich:

- *Vertellekes*, erschienen im Vincentz-Verlag Hannover 1994 (vgl. hierzu Fiedler 1994a, 1994b, 1996).
- *LebensReise*, erschienen im Rudolf Günther Verlag, Trier 1995.
- *Damals ...*, erschienen bei Wehrfritz miteinander leben 2003 und nur dort erhältlich.

Diese Spiele sind für „Nichtbehinderte“ ausgelegt. Daher sollten die Fragen dieser Originalspiele vorher durchgesehen, schwierige aussortiert und dafür neue, selbst gestaltete Fragekarten eingefügt werden.

Durchführung: Auf dem Spielfeld verläuft ein Weg mit farbig markierten oder nummerierten Feldern. Abwechselnd wird gewürfelt, gezogen und werden die Fragen auf den entsprechenden Karten beantwortet. Manchmal bietet sich auch an, dass alle Teilnehmer eine Fragekarte beantworten dürfen.

Variationen:
- Durch Aufnahme immer neuer Fragekarten können hier Erinnerungen durch mehrmaliges Spielen aufgegriffen und vertieft werden.
- Farbwürfel und farbig gestaltete Spielfelder ermöglichen auch denjenigen Personen, die nicht zählen können, das Mitspielen.
- Durch Einbindung anderer Methoden (z.B. *Alte Lieder* – M 1 oder *Assoziationssignale* – M 3) kann das Spiel abwechslungsreicher gestaltet werden.

Briefe M 6

Sozialform: Einzelarbeit.

Zeitrahmen: Eine Einheit.

Material: Gesammelte Briefe des Teilnehmers.

Vorbereitung: Vorher abklären, ob ein gemeinsames Lesen dieser Briefe für den Teilnehmer vorstellbar ist.

Besonderheiten: Diese Methode bietet eine gute Möglichkeit für Teilnehmer ohne Lesefähigkeit, Briefe in einem privaten Rahmen vorgelesen zu bekommen.

Durchführung: Die Briefe werden gemeinsam gelesen oder vorgelesen. Anschließend wird über damit zusammenhängende Erinnerungen gesprochen.

Variationen:
- Es können Postkarten statt Briefe verwendet werden, dann sind auch Erzählungen zu den Kartenmotiven möglich.
- Der Brieftext kann auf Tonband aufgenommen werden, um Teilnehmern ohne Lesefähigkeit die Möglichkeit zu geben, sich ihn jederzeit anzuhören.

Erinnerungsstücke M 7

Sozialform: Gruppe.

Zeitrahmen: Als Einstieg/eine Einheit.

Material: Persönliche Gegenstände der Teilnehmer.

Vorbereitung: Die Teilnehmer vorher auffordern, persönliche Gegenstände mitzubringen.

Besonderheiten: Es sollte eine Möglichkeit vorhanden sein, die Erinnerungsstücke besonders zu präsentieren (z.B. speziell beleuchteter Tisch).

Durchführung: Die Teilnehmer bringen Gegenstände mit und erzählen die Erinnerungen/Geschichten, die mit diesen verbunden sind.

Variationen:
- Die Geschichten können auf Tonband festgehalten werden, das macht sie ebenfalls zu Erinnerungsstücken.
- Mit dem Einverständnis des Teilnehmers können Geschichten auch von Angehörigen erzählt werden. Ihre Teilnahme an dieser Runde sollte jedoch vorher mit allen Teilnehmern abgeklärt werden.

Sozialform: Kleingruppe.

Zeitrahmen: Eine Einheit (mehr Zeit einplanen).

Material: Rezepte, Zutaten, Kochutensilien, alte Kochbücher.

Vorbereitung:
- In Vorgesprächen erfragen, an welche Gerichte und deren Zubereitung sich erinnert wird, alte Rezepte und Kochbücher besorgen.
- Kochutensilien, Geschirr und Besteck in ausreichender Menge besorgen und Zutaten einkaufen.
- Diätvorschriften/Medikationen der Teilnehmer erfragen.

Besonderheiten:
- Jemand, der gut kochen kann, sollte die Durchführung der Methode begleiten.
- Diese Methode findet in einer Küche statt (diese sollte ausreichend Platz und Utensilien bieten). Es sollte eine Möglichkeit bestehen, das Essen in gemütlicher Runde einzunehmen.
- Sollten einige Teilnehmer wegen motorischer Schwierigkeiten intensiver Unterstützung bedürfen, sollten mehrere Personen die Durchführung der Methode begleiten (z.B. Angehörige).

Durchführung: Im Vorgespräch wird über verschiedene Gerichte gesprochen, erzählt, was und wann man schon selbst gekocht hat, was Leibspeisen sind usw. Beim Zubereiten und anschließendem Essen wird Raum gegeben, um Erinnerungen anzuregen und darüber zu reden.

Variationen:
- Gemeinsames Einkaufen bietet die Möglichkeit, Vergleiche zwischen dem Einkaufen und den Waren von heute und damals anzuregen.
- Hier können auch über Gerüche Erinnerungen wachgerufen werden (gezielt mit Gewürzen und Frischwaren arbeiten, daran riechen lassen).
- Das zubereitete Essen kann auch mit anderen Bewohnern einer Wohngruppe eingenommen werden (soziale Beziehungen stärken).

- Es können Fragen zu den gemeinsamen Mahlzeiten in der Familie/Wohngruppe gestellt werden. Welche Rituale, Regeln und Normen gab es im Zusammenhang mit den Mahlzeiten? Wie ist das im Vergleich zu heute? Wann gab es welche Mahlzeiten? Gab es an bestimmten Tagen bestimmte Gerichte? Und so weiter. Durch Einbeziehen eines eingedeckten Tischs können Erinnerungen auch plastisch dargestellt werden.

Gefühls-Arbeitsblätter M 9

Sozialform: Einzelarbeit/Kleingruppe.

Zeitrahmen: Eine Einheit.

Material: Stifte, Bastelmaterial, Klebstoff, gegebenenfalls ein PC-Ausdruck.

Vorbereitung: Die Arbeitsblätter erstellen.

Besonderheiten: Keine.

Durchführung: Auf zwei Arbeitsblättern sollen die Teilnehmer ihre Gefühle darstellen, die sie während eines bestimmten Lebensereignisses hatten. Auf dem einen Arbeitsblatt sollen sie ihre positiven Gefühle, auf dem anderen die negativen Gefühle festhalten. Sie können dies schriftlich oder in Form von Zeichnungen oder Bildern tun. Während der Ausgestaltung wird über diese Lebenssituation gesprochen. Die Arbeitsblätter sollen so gestaltet sein, dass die Aufgabe aus ihnen erkenntlich wird (z.B. Darstellung eines Kopfs, in dem die Gefühle eingetragen werden).

Variationen:
- Hier ist auch ein Festhalten der Ergebnisse auf Tonband möglich.
- Es kann auch nur ein Arbeitsblatt verwendet werden.

Abb. 7: In einem solchen Arbeitsblatt können positive Gefühle zu einem Lebensereignis gesammelt werden.

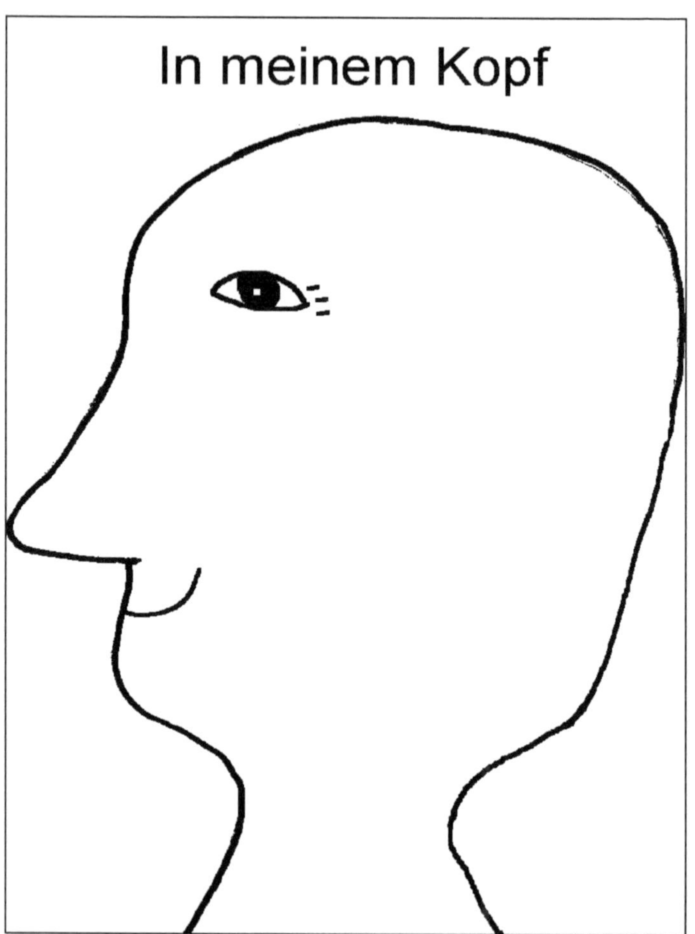

Gefühlskarten M 10

Sozialform: –

Zeitrahmen: –

Material: Karton, Stifte, gegebenenfalls ein PC-Ausdruck.

Vorbereitung: Die Gefühlskarten erstellen.

Abb. 8: Hier wurden die Gefühlskarten in einem Arbeitsblatt zum Thema „Arbeit" verwandt. Die Gefühlskarten kommentieren die Aussagen.

Meine Arbeit

Ich verdiene Geld.

Ich stehe früh auf.

Ich fahre mit dem Bus.

Ich habe Arbeitskollegen.

Besonderheiten: Dies ist eine Methode, die innerhalb anderer Methoden, z.B. *Lebensweg* (M 15), zur Darstellung von Gefühlen genutzt werden kann.

Durchführung: Es werden kleine Karten erstellt, auf denen Gesichter abgebildet sind, die deutliche Gefühlsregungen zeigen (z.B. Lachen für Freude, Weinen für Trauer usw.). Diese Karten können dann genutzt werden, um auf Papier festgehaltene Erinnerungen noch um die damaligen Gefühle zu ergänzen oder diese Lebensereignisse persönlich zu werten (s. Abb. 8).

Variation: Mit selbst erstellten Karten kann man auch anderes darstellen (z.B. Eigenschaften, Lebensstationen, weitere Ausdrücke usw.). Diese Karten können auch zur bildlichen Darstellung von Erinnerungen genutzt werden (siehe auch M 15).

Leben aufräumen M 11

Sozialform: Einzelarbeit.

Zeitrahmen: Eine Einheit (gegebenenfalls mehr Zeit einplanen).

Material: Gegenstände im Zimmer des Teilnehmers (nur Gegenstände, die er auch bereit ist zu zeigen).

Vorbereitung: Diese Methode findet in den Privaträumen des Teilnehmers statt; daher diesen vorher fragen, ob man diese Methode mit ihm durchführen darf.

Besonderheiten: Man sollte unbedingt davon absehen, Gegenstände auszusortieren und wegzuwerfen.

Durchführung: Gemeinsam wird das Zimmer des Teilnehmers „aufgeräumt“, Gegenstände neu platziert, geschaut, was wo steht; manche Gegenstände und deren Position geben Anstoß zum Gespräch (z.B. Kleidungsstücke, Möbel, Wandschmuck usw.).

Variation: Auch Dachböden, Keller- oder Lagerräume bieten sich für diese Methode an.

Leben feiern M 12

Sozialform: Gruppe.

Zeitrahmen: Eine Einheit.

Material: Fotos, Material zum Ausrichten einer Feier, Material zum Festhalten der Arbeitsergebnisse (Arbeitsblätter, Plakate usw.).

Vorbereitung: Klären, welche Feste und Feiern besprochen/gefeiert werden sollen; Informationen sammeln über die einzelnen Feste.

Besonderheiten: Lässt gut sich mit der Methode *Rituale* (M 19) verbinden.

Durchführung: Feste und Jahrestage werden besprochen, durchgespielt und gefeiert. Besondere Erinnerungen zu bestimmten Feiern können hierbei geäußert und festgehalten werden.

Variationen:
- Der Schwerpunkt kann auf den Vergleich damals – heute gelegt werden.
- Ein Fest kann auch über mehrere Einheiten vorbereitet werden (Dekoration basteln, Einladungen verschicken usw.).

- Es können auch Außenstehende zu einer Feier eingeladen werden, wenn alle Teilnehmer damit einverstanden sind.
- Videoaufzeichnungen bieten sich hier besonders an.

Lebens-Arbeitsblatt M 13

Sozialform: Einzelarbeit/Kleingruppe/Gruppe.

Zeitrahmen: Eine Einheit.

Material: Stifte, Bastelmaterial, Arbeitsblätter.

Vorbereitung: Die Arbeitsblätter erstellen.

Besonderheiten: Kann gut zur Darstellung der Gegenwart verwendet werden.

Abb. 9: Dies ist ein Lebens-Arbeitsblatt zum Thema Feiern: Geburtstag.

GEBURTSTAG

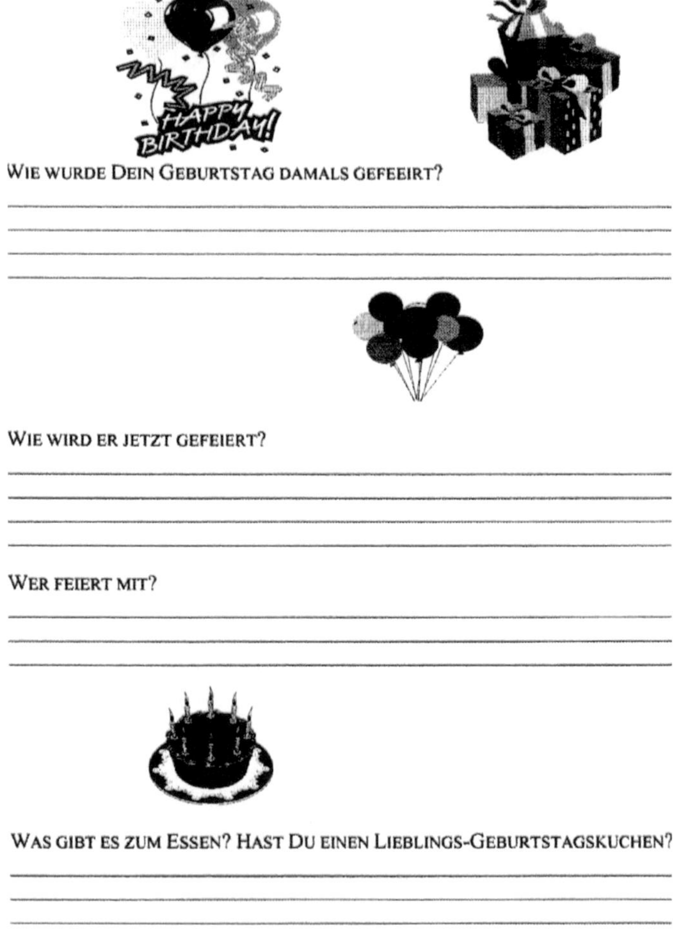

WIE WURDE DEIN GEBURTSTAG DAMALS GEFEEIRT?

WIE WIRD ER JETZT GEFEIERT?

WER FEIERT MIT?

WAS GIBT ES ZUM ESSEN? HAST DU EINEN LIEBLINGS-GEBURTSTAGSKUCHEN?

Durchführung: Die Teilnehmer beantworten die Fragen zu ihrem Leben auf den Arbeitsblättern (Name, Geburtstag, Eltern, Lieblingsmusik, Hobbys usw.). Dies kann schriftlich, in Zeichnungen oder Collagen geschehen. Während der Erstellung können sie von sich erzählen, oder das Ergebnis nach Fertigstellung präsentieren. Die Arbeitsblätter sind so zu gestalten, dass eine Beantwortung der Fragen leicht möglich ist (eventuell Bilder verwenden).

Variationen:

- Die Fragebögen können sich auch auf einzelne Lebensabschnitte (z.B. Kindheit) oder Themenbereiche (z.B. Arbeit) beziehen.
- In regelmäßigen Abständen erstellt, können diese Arbeitsblätter die persönliche Entwicklung deutlich werden lassen.
- *Gefühlskarten* (M 10) können hier eingesetzt werden.

Lebenskarten M 14

Sozialform: Kleingruppe.

Zeitrahmen: Eine Einheit.

Material: Tonkarton, Stifte, gegebenenfalls ein PC-Ausdruck.

Vorbereitung: Die Fragekarten zu einzelnen Lebensabschnitten (z.B. Kindheit) erstellen.

Besonderheiten: Die Karten müssen nicht unbedingt selbst hergestellt werden, es gibt sie auch schon fertig zu kaufen (z.B. Altenwerk der Erzdiözese Freiburg: 180 Lebenskarten – Gesprächsanstöße nicht nur für ältere Menschen). Diese sollten jedoch vorher auf ihre Komplexität überprüft, einzelne Karten gegebenenfalls aussortiert oder verändert werden.

Durchführung: Nacheinander ziehen die Gruppenmitglieder eine Karte und lesen die darauf stehende Frage zu ihrem Leben vor (z.B. Was war Dein Lieblingsspiel?). Jeder erhält die Möglichkeit, die Frage zu beantworten.

Variationen:

- Die Antworten können schriftlich, in Zeichnungen, Collagen oder Tonbandmitschnitten festgehalten werden.
- An die Fragerunde mit Karten kann eine offene Fragerunde anschließen, in der die Teilnehmer ihre Gruppenmitglieder noch genauer nach vorher Erzähltem befragen können.

Sozialform: Einzelarbeit/Kleingruppe.

Zeitrahmen: Eine Einheit/mehrere Einheiten.

Abb. 10: Stationenkarten zu „Mein Lebensweg“
(Diese Stationenkarten können auch gezeichnet werden; andere Motive sind möglich.)

Stationenkarten zu „Mein Lebensweg“ *(Fortsetzung)*

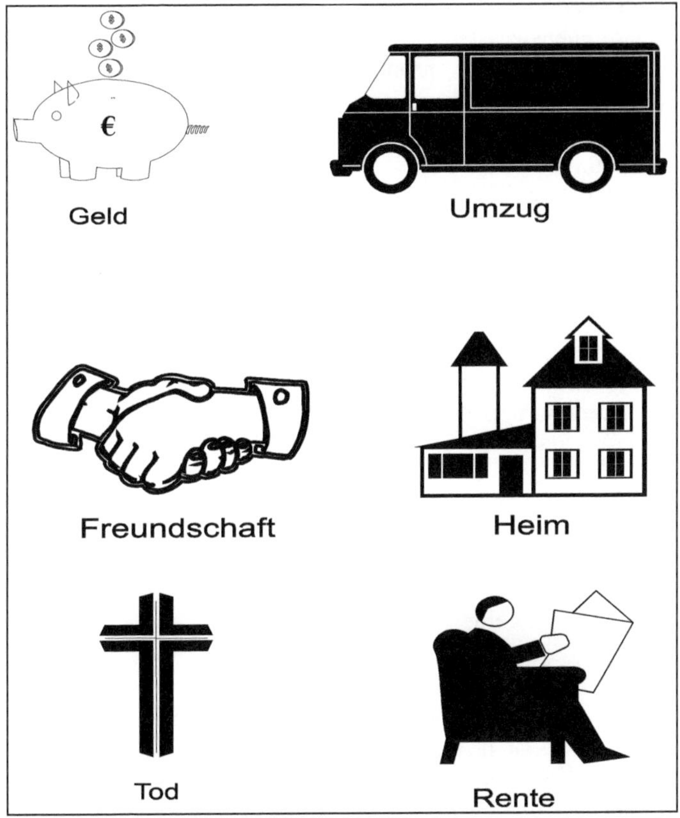

Material: Tonpapier, Stifte, Kleber, große Papierbögen, gegebenenfalls ein PC-Ausdruck.

Vorbereitung: Stationenkarten und *Gefühlskarten* (M 10) vorbereiten, gegebenenfalls Daten der Teilnehmer sammeln.

Besonderheiten: Keine.

Durchführung: Die Teilnehmer erinnern sich an einzelne Stationen ihrer Lebensgeschichte und erzählen von damit zusammenhängenden Ereignissen. Das Leben wird dann bildlich in Form eines Wegs dargestellt. Dazu werden Stationenkarten auf einem großen Papierbogen geklebt und durch Daten und

Geschichten kommentiert. Mit Hilfe der Gefühlskarten ist auch eine affektive Wertung der Lebensereignisse möglich.

Variationen:
- Der Lebensweg lässt sich auch innerhalb einer mehrteiligen Veranstaltung, die chronologisch aufgebaut ist (z.B. Kindheit, Schulzeit, Jugend usw.), erstellen. Je nach Thema der Veranstaltung wird dem Weg dann eine neue Station hinzugefügt.
- Anstelle eines Weges lassen sich auch andere Objekte (z.B. ein Haus oder ein Baum) zur Darstellung des Lebens nutzen.

Malen & Collagen M 16

Sozialform: Gruppe.

Zeitrahmen: Eine Einheit.

Material:
- Zeitungen, Zeitschriften, Broschüren, Kataloge usw.
- Große Papierbögen, Stifte, Klebstoff.

Vorbereitung: Keine.

Besonderheiten: Keine.

Durchführung: Empfindungen und Vorstellungen zur vorherigen Arbeitseinheit werden zeichnerisch dargestellt oder es werden gesammelte Bildausschnitte zu einem Gesamtbild zusammengefügt. Ist das Bild fertiggestellt, kann man sich auch in der Gruppe darüber austauschen.

Variation: Die Empfindungen und Vorstellungen können auch schriftlich oder auf Tonband festgehalten werden.

Namen — M 17

Sozialform: Gruppe.

Zeitrahmen: Als Einstieg/eine Einheit.

Material: Namenslexikon (auch im Internet zu finden), gegebenenfalls Bastelmaterial.

Vorbereitung: Vorher schon Ursprung und Bedeutung der Namen der Teilnehmer klären und die Teilnehmer dazu auffordern, Dinge, die in Beziehung zu ihren Namen stehen, mitzubringen (z.B. Geburtsurkunde).

Besonderheiten: Keine.

Durchführung: Jeder Teilnehmer nennt seinen Namen und erzählt, wenn möglich, Geschichten aus seinem Leben, die in Beziehung zum Namen stehen oder welche Bedeutung der Name für einen selbst hat. Auch über Mitgebrachtes wird geredet. Die Kursmoderation kann mit Hilfe eines Namenlexikons Angaben über Ursprung und Bedeutung der Namen machen.

Variationen:

- Es kann auch über Namen im allgemeinen gesprochen werden (welche Namen man mag; wen man mit einem bestimmten Namen kennt usw.).
- Es kann auch auf Kosenamen eingegangen werden.
- Es können auch Dinge gebastelt werden, auf denen der eigene Name steht: Namensschilder, Türschilder usw. Dann muss auch noch Bastelmaterial bereitgestellt werden.

Orte aufsuchen — M 18

Sozialform: Einzelarbeit/Kleingruppe.

Zeitrahmen: Eine Einheit (gegebenenfalls mehr Zeit einplanen)

Material: Photoapparat, Videokamera, Fahrzeug.

Vorbereitung: Vorher abklären, wohin gefahren werden soll; eventuell Vortour an die ausgewählten Orte machen, um abzuklären, was dort zu sehen ist und ob Besichtigungen möglich sind (z.B. bei privaten Gebäuden).

Besonderheiten: Keine.

Durchführung: Verschiedene Orte aus der Vergangenheit der Teilnehmer werden besucht, dazugehörige Erinnerungen besprochen. Dort sollen wenn möglich neue Erinnerungstücke (Fotos) gemacht werden. Der Besuch sollte hinterher intensiv nachbereitet werden (z.B. in Form von Gesprächen, Anlegen eines Albums usw.).

Variationen:
- Diese Methode kann auch im Rahmen einer Urlaubsreise durchgeführt werden.
- Bei zu großem Aufwand für eine Reise, können Orte auch nachgestellt werden (z.B. durch Bilder, Tonmaterial, Andenken usw.).

Rituale M 19

Sozialform: Einzelarbeit/Kleingruppe/Gruppe.

Zeitrahmen: Eine Einheit.

Material: Vom Inhalt abhängig.

Vorbereitung: Vorher Situationen erfragen, bei denen Rituale eine Rolle spielen.

Besonderheiten: Wenn man Rituale aufgreifen will, welche die Person von zu Hause kennt, sollte man die jeweilige Lebenssituation des Einzelnen berücksichtigen. Es könnte sein, dass die Person mit einem Ritual schlechte Erfahrungen gemacht hat.

Durchführung: Situationen, die von Ritualen geprägt sind (z.B. Ablauf von Familienfesten, Mahlzeiten usw.) werden aufgegriffen und eventuell nachgespielt (Material organisieren). Anschließend wird über sie gesprochen. Selbsterlebtes kann hier ebenso angesprochen werden, wie der Inhalt der Rituale und der Grund für ihr Entstehen.

Variation: Keine.

Rollenspiel M 20

Sozialform: Einzelarbeit/Kleingruppe.

Zeitrahmen: Als Einstieg/eine Einheit.

Material: Vom Inhalt abhängig.

Vorbereitung: Zum Thema passende Situation auswählen, die nachgespielt werden soll.

Besonderheiten: Keine.

Durchführung: Alltagssituationen (z.B. Mahlzeit, Unterricht) oder fiktive Situationen (z.B. Interview) werden zur Anregung von Erinnerungsprozessen und als Verbalisierungshilfe durchgespielt.

Variationen:
- Es können Tonband- und Videomitschnitte erstellt werden.
- Das Rollenspiel kann bei Interesse zu einem biografischen Theaterprojekt ausgeweitet werden.

Stammbaum M 21

Sozialform: Einzelarbeit/Kleingruppe.

Zeitrahmen: Eine Einheit.

Material: Fotos, Papier, Stifte, Klebstoff.

Vorbereitung: In Vorgesprächen das Verhältnis zur Familie klären; Fotos von den Verwandten besorgen.

Besonderheiten: Keine.

Durchführung: Jeder Teilnehmer erstellt einen persönlichen Familienstammbaum mit Fotos und Zeichnungen; anschließend kann jeder Teilnehmer etwas über seine Familie erzählen.

Variationen:
- Der Stammbaum kann in Form eines tatsächlichen Baums gezeichnet oder in anderen Formen (z.B. ein Haus) erstellt werden (Bastelmaterial zur Verfügung stellen).

- Es kann ein persönlicher „Beziehungsstammbaum“ erstellt werden, in dem affektive Beziehungen dargestellt werden (Einbeziehung von Freunden, Haustieren, Betreuern usw.).

Tagebuch M 22

Sozialform: Einzelarbeit.

Zeitrahmen: Mehrere Einheiten.

Material:
- Tagebuch, Stifte.
- eventuell Bastelmaterial, Tonbandgerät, Videokamera.

Vorbereitung: Keine.

Besonderheiten: Diese Methode ist keine Biografiearbeit im Sinne von Rückblick, sondern in der Gegenwart verankert.

Durchführung: Ein aktuelles Tagebuch wird verfasst. Das Erstellen wird begleitet, im Falle fehlender Schreibfähigkeit auch von der Moderation übernommen.

Variationen:
- Es können Bilder/Collagen anstatt geschriebener Texte erstellt werden.
- Bei fehlender Lesefähigkeit kann das Tagebuch auch auf Tonband oder per Video festgehalten werden.
- Das Tagebuch kann über einen kurzen, vorher festgelegten Zeitraum geführt werden, um bestimmte kurzzeitige Lebensereignisse besser festzuhalten (z.B. eine Reise). Auch die gemeinsame Arbeit kann so als „Projekt-Tagebuch“ dokumentiert werden.

Textarbeit M 23

Sozialform: Kleingruppe/Gruppe.

Zeitrahmen: Eine Einheit/mehrere Einheiten.

Material: Märchenbücher, alte Texte, alte Schulbücher, Romane, Gedichte, die Bibel, religiöse Texte, Gesangbücher, Gebetstexte usw.

Vorbereitung: In Vorgesprächen Interesse erfragen, dabei dazu anregen, eigene Texte mitzubringen.

Besonderheiten: Keine.

Durchführung: Die Texte werden gesammelt und vorgelesen, Gebete und Gedichte gesprochen, auch miteinander. Im Anschluss wird über die Anlässe geredet, bei denen diese Texte verwendet wurden oder wann man diese gelesen/gehört hat. Auch kann über ihre Bedeutung gesprochen werden (für den einzelnen, allgemein, damals und heute usw.).

Variationen:

- Bei religiösen Texten: Es kann ein Gottesdienst besucht oder ein solcher im Fernsehen verfolgt werden. Auch kann eine kleine Andacht gemeinsam organisiert und durchgeführt werden (eventuell auch für einen größeren Kreis von Menschen).
- Lesungen können besucht werden.
- Verfilmungen von Romanen und Märchen können angeschaut werden.

Vergleichen M 24

Sozialform: Einzelarbeit/Kleingruppe/Gruppe.

Zeitrahmen: Eine Einheit.

Material: Stifte, Plakate, Bilder, Zeitungsausschnitte, Tonmaterial, Filmmaterial usw. von früher und heute.

Vorbereitung: Der Moderation sollte einiges aus dem Leben der Teilnehmer bekannt sein, um geeignetes Material besorgen zu können.

Besonderheiten: Keine.

Durchführung: Das Vergangene wird mit dem Gegenwärtigen verglichen (z.B. Vergleichen von Tagesabläufen früher und heute) Fragen wie: „Was hat sich geändert? – Was ist einfacher oder schwerer geworden? – Wie unterscheiden sich Freizeitaktivitäten, Mode, politische Ereignisse usw.?“ können die Diskussion anregen.

Die Ergebnisse können auf Plakaten festgehalten werden.

Variation: Hier kann auch ganz nah an der Biografie des einzelnen Teilnehmers gearbeitet werden (Wie hat sich mein Leben verändert?).

Wohnbiografie M 25

Sozialform: Einzelarbeit/Kleingruppe.

Zeitrahmen: Eine Einheit.

Material: Zeichenutensilien (Papier/Pappe, Stifte, Lineal), Fotos, Landkarten.

Vorbereitung: Es sind Hintergrundinformationen zu den einzelnen Teilnehmern einzuholen (Wie und wo ist das Leben verlaufen, wieso fanden die einzelnen Umzüge statt usw.?), entsprechendes Material besorgen (z.B. Fotos, Landkarten usw.).

Besonderheiten: Keine.

Durchführung: Die Teilnehmer erzählen, wo und in welchen Wohnungen/Häusern/Heimen sie schon gelebt haben; dies wird in verschiedener Weise festgehalten (z.B. ein Plakat mit Zeichnungen/Collagen von Wohnung/Haus/Heim, Fotos, eine geschriebene Wohnbiografie usw.).

Variationen:
- Anstatt jeweils die ganze Wohnung oder das ganze Haus/Heim darzustellen, kann auch nur das eigene Zimmer dargestellt werden.
- Auf einer Landkarte können die einzelnen Wohnorte markiert werden.

Zeitungsanalyse M 26

Sozialform: Gruppe.

Zeitrahmen: Als Einstieg/eine Einheit.

Material: Alte und aktuelle Zeitungen bzw. Artikel, eventuell Stellwände.

Vorbereitung: In Vorgesprächen erfragen, an welche Nachrichten/Zeitereignisse man sich erinnert. Geeignete Artikel aussuchen.

Besonderheiten: Der „Außenweltbezug" der Teilnehmer kann hiermit gut erfasst und unterstützt werden.

Durchführung: Zeitungsartikel werden gelesen bzw. vorgelesen und besprochen. Dabei werden bei alten Artikeln die Fragen gestellt, an was man sich noch erinnern kann, welche Zeitereignisse Einfluss auf das eigene Leben hatten oder einem besonders wichtig erschienen. Bei neuen Artikeln kann nach ähnlichen eigenen Erfahrungen gefragt werden.

Variationen:

- Fernsehnachrichten o.ä. können ebenso bearbeitet werden.
- Zeitungen vom eigenen Geburtstag (oder anderen Festtagen) können besorgt (z.B. aus Zeitungsarchiven) und zum Thema gemacht werden.

Methodenverzeichnis

Literatur

Abresch, T.: Biographiearbeit mit älter werdenden und alten Menschen mit geistiger Behinderung. Landau 2001 (= unveröffentl. wiss. Prüfungsarbeit).

Ackermann, K.-E.: Lebenslange Bildung auch im Alter. In: Jakobs, H./König, A./Theunissen, G. (Hrsg.): Lebensräume – Lebensperspektiven: ausgewählte Beiträge zur Situation Erwachsener mit geistiger Behinderung. 2., völlig neu bearb. Aufl. Butzbach-Griedel 1998, 332-346.

Alheit, P.: Biographisches Lernen. In: Weißeno, G. (Hrsg.): Lexikon der politischen Bildung, Bd. 2: Hufer, K.-P. (Hrsg.): Außerschulische Jugendbildung/Erwachsenenbildung. Schwalbach/Ts. 1993a, 32-35.

Alheit, P.: Transitorische Bildungsprozesse – Das ‚biographische Paradigma' in der Weiterbildung. In: Mader, W.: Weiterbildung und Gesellschaft. erw. Aufl. Bremen 1993b, 343-417.

Bader, I.: Entwicklung von Identität und Partnerschaftsbeziehungen im Lebenslauf älterer geistigbehinderter Menschen. In: Walter, J. (Hrsg.): Sexualität und geistige Behinderung. 4., erw. Aufl. Heidelberg 1996, 277–287.

Bechtold, J.: Die Bedeutung der Lebensgeschichte. Praxiserfahrungen in der Biogarfiearbeit mit Menschen mit geistiger Behinderung. Landau 2001 (= unveröffentl. Diplomarbeit).

Becker, J.: Gell, heut geht's wieder auf die Rennbahn. Darmstadt afw Elisabethenstift 1999.

Behrens-Cobet, H./Reichling, N.: Biographische Kommunikation. Lebensgeschichten im Repertoire der Erwachsenenbildung. Neuwied, Kriftel, Berlin 1997.

Behrens-Cobet, H.: Biographisches Lernen. In: Becker, S.; Veelken, L.; Wallraven K.P. (Hrsg.): Handbuch Altenbildung. Theorien und Konzepte für Gegenwart und Zukunft. Opladen, 2000, 299-304.

Bender, Mike u.a.: The Therapeutic Purposes of Reminiscence. London (SAGE) 1999.

Bertling, E./Schwab, A.: Erfülltes Alter. Auch für Menschen mit einer geistigen Behinderung. In: Vierteljahreschrift für Heilpädagogik und ihre Nachbargebiete 64 (1995), 212-221.

Biberthaler, Walter: Enthospitalisierung – Verbesserung der Lebensqualität? Eine Einzelfallstudie. Würzburg 1998 (= unveröffentlichte Diplomarbeit).

Bifos e.V. (Hrsg.): Wörterbuch in leichter Sprache. Kassel [3]2001.
Bleeksma, M.: Mit geistiger Behinderung alt werden. Weinheim, Basel 1998.
Bliminger, E. u.a.: Lebensgeschichten. Biographiearbeit mit alten Menschen. Hannover [3]1996.
Böhm, E.: Alte verstehen. Grundlagen und Praxis der Pflegediagnose. Bonn 1996.
Böhm, E.: Verwirrt nicht die Verwirrten. Neue Ansätze geriatrischer Krankenpflege. Bonn 1998.
Böhm, K.: „Ohne Vergangenheit bist du doch kein Mensch!" Biographiearbeit mit alten Menschen mit geistiger Behinderung. Würzburg 2000 (= unveröffentl. Zulassungsarbeit zum 1. Staatsexamen).
Böhm, K.: Aspekte der Biographiearbeit in der Altenpflege. Vechta 2003 (= unveröffentl. Diplomarbeit für den Aufbaustudiengang Gerontologie).
Bruckmüller, M.: Begleitung und Förderung behinderter Menschen im Alter. In: Rapp, N.; Strubel, W. (Hrsg.): Behinderte Menschen im Alter. Freiburg i. Br. 1992, 69-85.
Bruckmüller, M.: Seniorenbildung bei Menschen mit geistiger Behinderung. In: Erwachsenenbildung und Behinderung 10 (1999) 1, 5-8.
Buchholz, Th.; Schürenberg, A.: Lebensbegleitung alter Menschen. Basale Stimulation in der Pflege alter Menschen. Bern u.a. 2003.
Buijssen, H.: Senile Demenz. Eine praktische Anleitung für den Umgang mit Alzheimer-Patienten. Weinheim 1994.
Bundesvereinigung Lebenshilfe für Menschen mit geistiger Behinderung e.V. (Hrsg.): Alternde und alte Menschen mit geistiger Behinderung und hohem Hilfebedarf. Marburg 2002.
Bundesvereinigung Lebenshilfe für Menschen mit geistiger Behinderung e.V. (Hrsg.): Lebensräume älterer Menschen mit Behinderung. Marburg 2001.
Bundesvereinigung Lebenshilfe für Menschen mit geistiger Behinderung e.V. (Hrsg.): Persönlichkeit und Hilfe im Alter. Marburg [2]2000.
Buschmann, U.-W.: Die Gestaltung einer eigenen Altersidentität bei behinderten Menschen. In: Rapp, N./Strubel, W. (Hrsg.): Behinderte Menschen im Alter. Freiburg 1992, 216-223.
Buschmeyer, H.: Begriff des biografischen Lernens. In: Buschmeyer, H.; Behrens-Cobet, H.: Biographisches Lernen. Erfahrungen und Reflexionen. Hrsg. v. Landesinstitut für Schule und Weiterbildung. Soest 1990, 15-20

Buschmeyer, H./Behrens-Cobet, H.: Biographisches Lernen. Erfahrungen und Reflexionen. Hrsg. v. Landesinstitut für Schule und Weiterbildung. Soest 1990.

Butler, R. N.: The Life Review: An Interpretation of Reminiscence in the Aged. In: Psychiatry 26 (1963), 65-76.

Dittli, D./Furrer, H.: Biographisches Lernen: Sein ist Werden. In: Erwachsenenbildung und Behinderung 5 (1994) 1, 9-12.

Dürrmann, Peter: Das Seniorenheim Polle. In: Ders. (Hrsg.): Besondere stationäre Dementenbetreuung. Hannover 2001, 80-109.

Ehrmann, D.: Alterung bei Down-Syndrom und Alzheimer'scher Krankheit. In: Rapp, N./Strubel, W. (Hrsg.): Behinderte Menschen im Alter. Freiburg i. Br. 1992, 153-162.

Erinnern heißt Leben: Anwendungsmöglichkeiten der Erinnerungspflege in Einrichtungen der Altenhilfe. Altenzentrum Oberndorf. Tuchrahmstrasse 22, 78727 Oberndorf 2003.

Ern, M.: Bewahrte Erinnerungen – erfülltes Alter. In: Bundesvereinigung Lebenshilfe (Hrsg.): Alt und geistig behindert. Marburg 1993, 219-229.

Ern, M.: Behinderung und Alter, erfülltes Leben oder ... ? In: Geistige Behinderung 33 (1994), 331-345.

Eurich, G.: Aus alter Arbeitszeit. Bäuerliche Berufs- und Lebensbilder 1948 – 1958. Gudensberg-Gleichen 2002

Eymann, A.: Biographiearbeit mit erwachsenen Menschen mit Entwicklungsbeeinträchtigungen. In: Erwachsenenbildung und Behinderung 11 (1999) 1, 18-20.

Falk, J.: Unterrichtseinheit in der Altenpflegerausbildung zum Thema Biographieorientierte Arbeit: Leben in der 1. Hälfte unseres Jahrhunderts. Köln 1992.

Feil, N.: Validation. Ein Weg zum Verständnis verwirrter alter Menschen. München, Basel [7]2002

Fiedler, P.: Erzähl doch mal! Ein neues Frage- und Antwortspiel für ältere Menschen zum Nachdenken und Erzählen. In: Altenpflege 11 (1994a), 684-687.

Fiedler, P.: Vertellekes – ein Frage- und Antwortspiel für ältere Menschen. Hannover 1994b.

Fiedler, P.: Vertellekes. Lebensgeschichten ins Spiel gebracht. In: Deutscher Verband der Ergotherapeuten (Hrsg.): Ergotherapie & Rehabilitation. Fachzeitschrift für Ergotherapie. Idstein 1996, 223-225.

Fischer, D.: Die Lebensgeschichte und ihre Bedeutung für die Arbeit mit geistig behinderten Menschen. In: Zur Orientierung 12 (1988) 4, 4-8.

Fischer, D.: Vita und Werk – oder: Warum die Lebensgeschichte behinderter Menschen allein nicht genügt. In: zusammen 12 (1992), 4-12.

Fritsche, I./Störmer, N.: Sie haben alle eine Akte, aber keine Geschichte. In: Zur Orientierung 12 (1988) 4, 17-18.

Fröhlich, A.: Leben ist einzigartig – biographische Aspekte schwerstbehinderter Menschen. In: Behindertenpädagogik in Bayern 38 (1995), 117-129.

Fröhlich, A.: Basale Stimulation. Das Konzept. Dortmund 1998.

Gereben, C./Kopinitsch-Berger, S.: Auf den Spuren der Vergangenheit. Anleitung zur Biographiearbeit mit älteren Menschen. Wien, München, Bern 1998.

Gudjons, H.; Pieper, M.; Wagener, B.: Auf meinen Spuren. Das Entdecken der eigenen Lebensgeschichte. Hamburg [5]1999.

Haight, Barbara: Use of Life Review/Life Story Books in Families with Alzheimer's Disease. In: Schweitzer, Pam (Hrsg.): Reminiscence in Dementia Care. Age Exchange. London 1998, 85-90.

Haltiner, Ruedi/Ryffel, Gaby: Enthospitalisierung: ein alter Zopf? In: Fachstelle Lebensräume für Menschen mit geistiger Behinderung. Bulletin (2002) 1/März 2002, 1-2.

Häni, E./Furrer, H.: Biographisches Lernen: „Wer bin ich?" In: Erwachsenenbildung und Behinderung 5 (1994) 2, 13-15.

Hentig, G.: Das war gut, dass ich einmal erzählen konnte, was mein Leben ausmacht. In: Zur Orientierung 12 (1988), 13-16.

Hermann, G.: Die Lebensgeschichte – Hilfe für Mitarbeiter. In: Rapp, N.; Strubel, W. (Hrsg.): Behinderte Menschen im Alter. Freiburg i. Br. 1992, 211-215.

Herriger, N.: Empowerment in der sozialen Arbeit. Stuttgart 1997.

Holland A.; Oliver C.: Down's syndrome and the links with Alzheimer's disease. In: Journal of Neurology, Neurosurgery and Psychiatry 59 (1995), 111-114.

Huber, N. (Hrsg.): Lebensgeschichten behinderter Menschen. Freiburg i. Br. 1995.

Jantzen, W.: Diagnostik, Dialog und Rehistorisierung: Methodologische Bemerkungen zum Zusammenhang von Erklären und Verstehen im diagnostischen Prozeß. In: Jantzen, W.; Lanwer-Koeppelin (Hrsg.): Diagnostik als Rehistorisierung. Berlin 1996, 9-31.

Jantzen, W.; Lanwer-Koeppelin (Hrsg.): Diagnostik als Rehistorisierung. Berlin 1996.

Jenrich, H.: Begegnung mit der eigenen Vergangenheit. In: Altenpflege 2 (1996), 137-141.

Kade, S.: Altersbildung, Bd. 1: Lebenssituation und Lernbedarf. Frankfurt a. M. ^{2}1997.

Katholische Erwachsenenbildung Trier (Hrsg.): Die Lebensreise. Trier 1993.

Kitwood, T.: Demenz. Der personenzentrierte Ansatz im Umgang mit verwirrten Menschen. Bern 2001.

Klessmann, E.: Wenn Eltern Kinder werden und doch die Eltern bleiben. Die Doppelbotschaft der Altersdemenz. 5., durchges. und erg. Auflage 2001.

Klingenberger, H.: Handbuch Altenpädagogik. Aufgaben und Handlungsfelder der ganzheitlichen Geragogik. Bad Heilbrunn 1996.

Kneibert, T.: Aspekte des Alterns in Bezug auf ältere Menschen mit einer geistigen Behinderung – Mit Menschen mit geistiger Behinderung biographisch arbeiten. Landau 2001 (= unveröffentl. Diplomarbeit).

Kuratorium Deutscher Altershilfe (Hrsg.); Maciejewski, B. et al: Qualitätshandbuch Leben mit Demenz. Zugänge finden und erhalten in der Förderung, Pflege und Begleitung von Menschen mit Demenz und psychischen Veränderungen. Köln 2001.

Lindmeier, Ch.: Altersbildung mit Menschen mit geistiger Behinderung im Lernfeld Biographie – Reflexionen zu einer praxisbezogenen Konzeptualisierung. In: Hoffman, Ch. u.a. (Hrsg.): Zeit und Eigenzeit als Dimensionen der Sonderpädagogik. Luzern 2001a, 247-257.

Lindmeier, Ch.: Aus der Forschung: Biografisches Lernen und biografische Kommunikation mit Erwachsenen mit geistiger Behinderung. In: Geistige Behinderung 40 (2001b), 390-392.

Lingg, A.; Theunissen, G.: Menschen mit geistiger Behinderung und Demenz. In: Theunissen, G.; Lingg, A. (Hrsg.): Wohnen und Leben nach der Enthospitalisierung. Perspektiven für ehemals hospitalisierte und alte Menschen mit geistiger und seelischer Behinderung. Bad Heilbrunn 1999, 226-253.

Loch, W.: Lebenslauf und Erziehung. Essen 1979.

Loch, W.: Der Lebenslauf als anthropologischer Grundbegriff einer biographischen Erziehungstheorie. In: Krüger, H.-H. (Hrsg.): Handbuch erziehungswissenschaftliche Biographieforschung. Opladen 1999, 69-88.

Lotze, Eckehard: Humor im therapeutischen Prozess. Dimensionen, Anwendungsmöglichkeiten und Grenzen für die Pflege. Frankfurt 2003.

Luchterhand, Ch./Murphy, N.: Wenn Menschen mit geistiger Behinderung trauern. Vorschläge zur Unterstützung. Weinheim, Basel 2001.

Mader, W.: Emotionalität und Individualität im Alter – Biographische Aspekte des Alterns. In: Kade, Sylvia (Hrsg.): Individualisierung und Älterwerden. Bad Heilbrunn 1994, 95-114.

Miessler, M./Bauer, I.: Wir lernen denken. Würzburg 1978.

Müller, D.: Interventionen für verwirrte, ältere Menschen in Institutionen. Köln 1994.

Müller, D.; Schesny-Hartkorn, H.: Biographiegestützte Arbeit mit verwirrten alten Menschen – ein Fortbildungsprogramm. Köln 1998.

Opitz, H.: Biographie-Arbeit im Alter. Würzburg 1998.

Osborn, C. L.: Reminiscence – When the Past Eases the Present. In: Journal of Gerontological Nursing, 15/10, 1989, 6-12.

Osborn, C.; Schweitzer, P.; Trilling, A.: Erinnern. Eine Anleitung zur Biographiearbeit mit alten Menschen. Freiburg i. Br. 1998.

Petzold, H. G.: Lebensgeschichten verstehen lernen heißt, sich selbst und andere verstehen lernen. Über Biographiearbeit, traumatische Belastungen und Neuorientierung. In: Behinderte in Familie, Schule und Gesellschaft 22 (1999), 41-55.

Pfeffer, W.: Förderung schwer geistig Behinderter. Eine Grundlegung. Würzburg 1988.

Powell, J.: Hilfen zur Kommunikation bei Demenz. Köln 2002.

Preuss, E./Spann, P.: „... und dann bin ich weggekommen ... .“ Berlin 1990.

Puckhaber, H.: Rechtliche Ansprüche und Finanzierung. In: Dürrmann, P. (Hrsg.): Besondere stationäre Dementenbetreuung. Hannover 2001, 138-149.

Ratay, Christine: „Ein Leben in der Psychiatrie“ – Fallstudie über die Einzelförderung und Ausgliederung eines Menschen mit einer geistigen Behinderung. Würzburg 1999 (= unveröffentlichte Zulassungsarbeit).

Ruhe, H. G.: Methoden der Biografiearbeit. Lebensgeschichte und Lebensbilanz in Therapie, Altenhilfe und Erwachsenenbildung. Weinheim, Basel ^{2}2003.

Ryan, T.;Walker, R.: Wo gehöre ich hin? Bografiearbeit mit Kindern und Jugendlichen. Weinheim, Basel, Berlin ^{2}2003.

Sauter, E.: Kindheit auf dem Lande in den 50er Jahren. Gudensberg-Gleichen 2002.

Schaade, G.: Ergotherapie bei Demenzerkrankungen. Ein Förderprogramm. Berlin 1998.

Schneider, P.: Age Exchange – Erinnerungsprojekte für Kinder und ältere Menschen. Köln 1994.

Schuchardt, E.: Soziale Integration Behinderter. 2 Bde. Bad Heilbrunn 1987.

Schulze, Th.: Pädagogische Dimensionen der Biographieforschung. In: Hoerning, E.M. u.a.: Biographieforschung und Erwachsenenbildung. Bad Heilbrunn 1991, 135-181.

Schulze, Th.: Biographisch orientierte Pädagogik. In: Baacke, Th./Schulze, D.: Aus Geschichten lernen: zur Einübung pädagogischen Verstehens. Weinheim, München 1993a, 13-40.

Schulze, Th.: Lebenslauf und Lebensgeschichte. In: Baacke, Th.; Schulze, D.: Aus Geschichten lernen: zur Einübung pädagogischen Verstehens. Weinheim, München 1993b, 174-226.

Schulze, Th: Erziehungswissenschaftliche Biographieforschung. Anfänge, Fortschritte, Ausblicke. In: Krüger, H.-H.; Marotzki, W. (Hrsg.): Erziehungswissenschaftliche Biographieforschung. Opladen 1995.

Siebert, H.: Lernen im Lebenslauf. Zur biographischen Orientierung in der Erwachsenenbildung. Frankfurt a. M. 1985.

Skiba, A.: Fördern im Alter. Integrative Geragogik auf heilpädagogischer Grundlage. Bad Heilbrunn 1996.

Speck, O.: In Würde alt werden. In: Bundesvereinigung Lebenshilfe für Menschen mit geistiger Behinderung e.V. (Hrsg.): Persönlichkeit und Hilfe im Alter. Zum Alterungsprozess bei Menschen mit geistiger Behinderung. Marburg 1999, 10-22.

Strassmeier, W.; Lindmeier, B.; Albrecht, K.: Enthospitalisierung von Menschen mit geistiger Behinderung aus den Bezirkskrankenhäusern Bayerns. München 2001.

Theunissen, G.: Alte Menschen mit geistiger Behinderung und Demenz. In: Bundesvereinigung Lebenshilfe für Menschen mit geistiger Behinderung e.V. (Hrsg.): Persönlichkeit und Hilfe im Alter. Marburg 1999, 54-92.

Theunissen, G.: Altenbildung und Behinderung. Impulse für die Arbeit mit Menschen, die als lern- und geistig behindert gelten. Bad Heilbrunn 2002.

Trilling, A. u.a.: Erinnerungen pflegen. Unterstützung und Entlastung für Pflegende und Menschen mit Demenz. Hannover 2001.

Vogt, A.: Das Leben in die eigene Hand nehmen – Biographisches Lernen als gezielte Arbeit am eigenen Lebenslauf. In: Schulz, W. (Hrsg.): Lebensgeschichten und Lernwege: Anregungen und Reflexionen zu biographischen Lernprozessen. Baltmannsweiler 1996, 37-56.

Wacker, E. u.a.: Leben im Heim. Angebotsstrukturen und Chancen selbständiger Lebensführung in Wohneinrichtungen der Behindertenhilfe. Bericht zu einer bundesweiten Untersuchung

im Forschungsprojekt ‚Möglichkeiten und Grenzen selbständiger Lebensführung in Einrichtungen'. Baden-Baden 1998.
Weber, E.: Pädagogik. Eine Einführung. Bd. I: Grundfragen und Grundbegriffe. Teil 2: Ontogenetische (entwicklungspsychologische und lebensgeschichtliche) Voraussetzungen der Erziehung – Notwendigkeit und Möglichkeit der Erziehung. 8., völlig neu bearb. und stark erw. Aufl. 1996.
Weber, G.: Morbus Alzheimer bei Menschen mit geistiger Behinderung. In: Weis, S./Weber, G. (Hrsg.): Handbuch Morbus Alzheimer. Weinheim 1997, 1311-1338.
Weingandt, B.: Biografische Methoden in der Geragogik – qualitative und inhaltsanalytische Zugänge. Köln 2001.
Wieland, H.: Altern und Lebenslauf. In: Bundesvereinigung Lebenshilfe für geistig Behinderte e.V. (Hrsg.): Wohnen heißt zu Hause sein. Marburg 1995, 145-150.
Wieland, H.: Lebenslauf und Behinderung – Aspekte des demographisch-gesellschaftlichen Umbruchs und seine Bedeutung für die soziale Integration. In: Beck, I.; Düe, W.; Wieland, H. (Hrsg.): Normalisierung. Behindertenpädagogische und sozialpolitische Perspektiven eines Reformkonzeptes. Heidelberg 1996, 147-162.
Wojnar, Jan: Demenzkranke verstehen. In: Dürrmann, P. (Hrsg.): Besondere stationäre Dementenbetreuung. Hannover 2001, 80-109.